환경 덕후 오총사가 간다,
지켜라!
지구 환경

환경 역후 오촌사가 간다, 지켜라! 지구 환경

1판 3쇄 발행 2022년 12월 20일

글쓴이	이여니
그린이	이경택
편집	이용혁 박재언 이순아
디자인	문지현 오나경
펴낸이	이경민
펴낸곳	㈜동아엠앤비
출판등록	2014년 3월 28일(제25100-2014-000025호)
주소	(03737) 서울특별시 서대문구 충정로 35-17 인촌빌딩 1층
홈페이지	www.moongchibooks.com
전화	(편집) 02-392-6901 (마케팅) 02-392-6900
팩스	02-392-6902
전자우편	damnb0401@naver.com
SNS	

ISBN 979-11-6363-347-1 (74400)

※ 책 가격은 뒤표지에 있습니다.
※ 잘못된 책은 구입한 곳에서 바꿔 드립니다.
※ 이 책에 실린 사진은 위키피디아, 셔터스톡에서 제공받았습니다.

도서출판 뭉치는 ㈜동아엠앤비의 어린이 출판 브랜드로, 아이들의 지식을 단단하게 만들어 주고, 아이들의 창의력과 사고력을 키워 주어 우리 자녀들이 융합형 창의 사고뭉치로 성장할 수 있도록 좋은 책을 만들겠습니다.

환경 덕후 오총사가 간다, 지켜라! 지구 환경

글쓴이 **이여니** 그린이 **이경택**

환경 보호, 우리 힘으로 가능할까?

펴내는 글

우리가 할 수 있는 환경 보호에는 어떤 것이 있을까?
쓰레기를 자원으로 바꿀 수 있다고?

선생님의 질문에 교실은 한순간 조용해집니다. 인내심이 한계에 다다른 선생님께서 콕 집어 누군가의 이름을 부르는 순간 나는 걸리지 않았다는 안도감에 금세 평온을 되찾지요. 많은 사람 앞에서 어떻게 말을 해야 하나 고민해 보지 않은 사람은 없을 겁니다. 사람들 앞에서 자신의 생각을 조리 있게 전달하는 기술은 국어 수업 시간에만 필요한 것이 아닙니다. 학교 교실뿐만 아니라 상급 학교 면접 자리 또는 성인이 된 후 회의에서도 자신의 의견을 분명히 표현할 수 있어야 합니다. 하지만 어디서부터 시작해야 할지 몰라 입을 떼는 일이 쉽지 않습니다. 혀끝에서 맴돌다 삼켜 버리는 일도 종종 있습니다. 얼떨결에 한마디 말을 하게 되더라도 뭔가 부족한 설명에 왠지 아쉬움이 들 때도 많습니다.

논리적 사고 과정과 순발력까지 필요로 하는 토론장에서 자신만의 목소리를 내려면 풍부한 배경지식은 기본입니다. 게다가 고학년으로 올라가서 배우는 수업과 진학 시험에서의 논술은 교과서 이상의 것을 요구합니다. 또한 상대의 의견을 받아들이거나 비판하기 위해서는 의견의 타당성을 검토하고 높은 수준의 가치 판단을 해야 하는 경우가 많은데, 자신의 입장을 분명히 하기 위해서는 풍부한 자료와 논거가 필요합니다.

토론왕 시리즈는 사회에서 일어나는 다양한 사건과 시사 상식 그리고 해마다 반복되는 화젯거리 등을 초등학교 수준에서 학습하고 자신의 말로 표현할 수 있도록 기획

되었습니다. 체계적이고 널리 인정받은 여러 콘텐츠를 수집해 정리하였고, 전문 작가들이 학생들의 발달 상황에 맞게 스토리를 구성하였습니다. 개별적으로 만들어진 교과서에서는 접할 수 없는 구성으로 주제와 내용을 엮어 어린이 독자들이 과학적 사고뿐만 아니라 문제 해결력, 창의적 발상을 두루 경험할 수 있도록 하였습니다. 또한 폭넓은 정보를 서로 연결지어 설명함으로써 교과별로 조각나 있는 지식을 엮어 배경지식을 보다 탄탄하게 만들어 줍니다. 이러한 통합 교과형 구성은 국어를 기본으로 과학에서부터 역사, 지리, 사회, 예술에 이르기까지 상식과 사회에 대한 감각을 익히고 세상을 올바르게 바라보는 눈을 갖는 데 큰 도움이 될 것입니다.

『환경 덕후 오총사가 간다, 지켜라! 지구 환경』은 우리가 일상생활에서도 얼마든지 환경 지킴이로 활동할 수 있다는 내용을 담고 있는 생활 동화입니다. 쓰레기 분리수거하는 법, 비닐과 플라스틱 사용을 줄여야 하는 이유 등을 하나씩 알아 가면서 지구 환경을 위해 우리가 할 수 있는 일을 배워 갑니다. 더불어 버려진 물건을 재탄생시키는 업사이클링의 중요성을 깨닫고 지구 환경을 지키는 생활 습관을 기르는 데 목적이 있습니다. 이 책을 통해 어린이 여러분이 지구 환경에 대한 다양한 정보를 익히고, 그 과정에서 여러 사회 현상을 파악해 올바른 가치관을 갖게 된다면 더없이 소중한 시간이 될 것입니다.

편집부

펴내는 글 · 4
환경 캠프에 오신 것을 환영합니다 · 8

1장 환경 캠프에서 만난 이상한 아이 · 11

쓰레기 구덩이에 빠지다

정체가 뭐야?

지구를 지키는 최무진

토론왕 되기! 환경 보호와 산업 발전은 공존이 가능할까?

2장 귀찮아서 안 할 뿐이야 · 33

3월 22일의 비밀

나만 아낀다고 달라져?

무진이가 하면 나도 한다

토론왕 되기! 기후 때문에도 난민이 생긴다고?

3장 햄버거야, 안녕! · 55

햄버거가 무슨 잘못이야?

무진이 말이 맞아

토론왕 되기! 쓰레기를 자원으로 바꿀 수 있다고?

뭉치 토론 만화
지구 환경을 생각하는 행동은 무엇일까? · 77

4장 환경 박사는 힘들어 · 85

수수 자매의 펭귄 마우스

아나바다는 처음이야

> **토론왕 되기!** 환경 파괴의 주범이 되는 음식이 있다고?

5장 별빛 캠핑장 환경 지킴이 · 105

캠핑 아저씨

생명들이 함께 사는 곳

쓰레기는 쓰레기통에

> **토론왕 되기!** '지속 가능한 발전'이란 무엇일까?

어려운 용어를 파헤치자! · 127

지구 환경 관련 사이트 · 128

신나는 토론을 위한 맞춤 가이드 · 129

🥫 쓰레기 구덩이에 빠지다

강호는 엉엉 울기 시작했어요.
"으아아앙! 엄마!"
울 때마다 볼록 나온 배가 위아래로 들썩거렸어요.

"그만 울어! 나까지 무섭잖아."

수지는 귀를 틀어막았어요. 수지의 손을 잡고 있던 수미도 겁이 나긴 마찬가지였어요. 석수는 코를 싸잡았어요. 꼬릿꼬릿한 냄새 때문에 머리가 지끈거렸어요. 사방에 벌레가 기어 다니는 것 같아 앉아 있을 수가 없었어요. 휴대 전화 플래시를 켠 석수가 구덩이 안을 이리저리 비추었어요. 비닐봉지부터 캔, 옷가지, 일회용 젓가락 등 수많은 쓰레기가 이리저리 흩어져 있었어요.

깊은 숲속에 쓰레기가 가득하다는 사실이 놀라웠어요. 누군가 일부러 버리고 간 게 아닌가 싶을 정도였지요.

"우리 이제 어떻게 되는 거야? 나 너무 배고파."

계속 훌쩍이던 강호가 휴대 전화를 열어 통화 버튼을 눌렀지만 소용없었어요. 구덩이 안에서는 통신 신호가 잡히지 않았거든요.

크게 다친 아이는 없었어요. 하지만 흙에 쓸리고 나뭇가지에 긁힌 자국이 팔과 다리 곳곳에 있었어요. 처음 구덩이에 빠졌을 때는 구덩이 위로 금방 올라갈 수 있을 거라고 생각했어요. 하지만 구덩이는 생각보다 깊었어요. 올라가려고 한두 번 시도를 하던 아이들은 지쳐서 다시 올라갈 엄두를 내지 못했어요. 이러다 드라마에서 나오는 것처럼 조난당하는 것이 아닐까 하는 두려움이 밀물처럼 밀려왔지요.

그때였어요. 바스락, 나뭇잎 밟는 소리가 들렸어요.

"무슨 소리 못 들었어?"

수지가 벌떡 일어섰어요. 수미가 수지 손을 더 꽉 잡았어요.

"무섭게 왜 그래……."

다시 바스락 소리가 들려왔어요. 투둑. 이번에는 나뭇가지 부러지는 소리도 들렸어요. 무언가 구덩이 가까이 다가오고 있나 봐요.

"쉿!"

석수가 손가락을 입에 가져다 댔어요. 수지와 수미의 눈동자가 흔들렸어요. 딸꾹. 눈물 콧물 범벅이던 강호가 눈치 없이 딸꾹질을 시작했어요. 세 아이는 강호에게 조용히 하라고 신호를 보냈어요. 강호가 손으로 입을 틀어막았지만 딸꾹질은 계속 나왔어요.

'조용히 좀 해!'

수지가 인상을 찌푸리며 입 모양으로 말했어요. 하지만 그럴수록 강호의 딸꾹질 소리는 점점 커졌어요.

멧돼지? 들개? 혹시 귀…… 귀신? 아이들 머릿속에 온갖 무서운 생각들이 꿈틀거렸어요. 강호와 수미는 나무젓가락을 집어 들었어요. 석수는 옆에 있던 페트병을 집어 들었고요. 수지는 찌그러진 캔을 양손에 하나씩 집어 들었답니다. 여차하면 캔이라도 던질 생각이었지요.

갑자기 바스락거리던 소리가 멈췄어요. 아이들은 침을 꿀꺽 삼키며 숨죽여 기다렸어요.

순간 한 줄기 강한 빛이 구덩이 속 아이들을 향해 쏟아졌어요. 아이들은 눈을 제대로 뜰 수가 없었어요.

"으아아아! 살려 주세요!"

아이들은 동시에 소리를 질렀어요. 그런 아이들에게 한 아이가 사다리를 내려 주었어요.

얼기설기 나무줄기로 엮은 사다리는 튼튼해 보이지 않았지만, 지금 그런 걸 신경 쓸 때가 아니었어요. 사다리를 붙잡고 구덩이 밖으로 나

온 아이들은 아이가 말없이 건네는 물을 벌컥벌컥 마셨어요. 물맛이 시원하고 달았어요.

"이제야 살 것 같다."

강호는 그 자리에 털썩 주저앉았어요.

"담력 시험하다가 죽는 줄 알았어."

"나두 나두."

"후유."

석수와 수지, 수미는 한마디씩 했어요. 아이는 하늘을 한번 올려다본 후에 구덩이가 있는 곳으로 발걸음을 옮겼어요.

"쟤는 어디 가는 거지?"

석수가 말릴 틈도 없이 아이가 구덩이 속으로 쏙 들어가 버렸어요.

"헉!"

아이들은 일제히 입이 벌어졌어요. 그렇게 나오려고 발버둥쳤던 구덩이 속을 아무렇지 않게 들어가 버리다니!

 정체가 뭐야?

아이들이 우르르 구덩이 쪽으로 달려갔어요. 아이들은 구덩이 속을

쳐다보고는 입이 쩍 벌어졌어요. 아이가 구덩이 속 쓰레기를 자루에 담고 있지 뭐예요.
"쟤 좀 이상해."
"쓰레기를 왜 줍지?"
아이들은 갑자기 나타난 아이의 낯선 행동에 수군거렸어요.
강호가 귀에 대고 검지손가락을 빙글빙글 돌렸어요. 그런 강호를 수지가 주의를 주듯 툭 쳤어요.

쓰레기를 담은 자루를 등에 진 아이는 사다리를 타고 올라왔어요. 그것도 아주 쉽게 힘 한 번 주더니 올라왔어요. 아이들은 멍하니 아이를 쳐다봤어요. 뒤로 길게 땋은 머리와 개량 한복을 입은 아이는 마치 조선 시대에서 온 것 같았어요.
"곧 비가 올 거야."
아이가 혼잣말하듯 툭 내뱉었어요.
"갑자기 무슨 비가 온다는 거야?"
강호가 하늘을 향해 손바닥을 펼쳤어요. 손바닥 위로 빗방울은커녕 그 어떤 것도 떨어지지 않았어요. 수지도 고개를 갸웃거렸어요. 수미와 석수도 어깨를 으쓱거렸어요. 그도 그럴 것이 하늘은 구름 하나 없이 맑았거든요. 밤하늘은 반짝이는 별들뿐이었어요.

"어서 서둘러."

아이가 앞장서서 걸어가기 시작했어요. 아이들은 서로 눈빛을 교환하다 천천히 뒷걸음질쳤어요. 모르는 아이를 선뜻 따라가도 될까요?

"혹시 여우 아냐? 어쩌면 옷 속에 꼬리를 숨기고 있을지도 몰라."

강호가 수미에게 귓속말했어요. 수미는 오스스 소름이 돋아서 아이들 곁에 바짝 붙어서 걸어갔어요. '여우는 무슨 여우?'라고 말은 했지만 발걸음이 빨라지는 것은 어쩔 수 없었어요.

아이는 뒤도 안 돌아보고 빠르게 걸어갔어요. 그 순간 톡, 토독 잎사귀에 빗방울이 떨어지는 소리가 들렸어요. 곧이어 후드득 빗방울이 떨어지기 시작했지요.

"와! 비 올지 어떻게 알았지? 여우가 아니라 귀신 아냐?"

상호가 수선을 떨었어요.

쏴아아아아! 소리와 함께 비가 쏟아져 내렸어요. 아이가 어

1장 환경 캠프에서 만난 이상한 아이

디론가 서둘러 뛰어갔어요. 네 명의 아이들도 댕기 머리 아이를 따라 무작정 뛰었어요.

    커다란 나무 아래 다섯 명의 아이들이 옹기종기 섰어요. 커다란 나무의 촘촘한 나뭇가지와 무성한 잎들이 비를 막아 주었어요. 나무가 커다란 초록 우산이 되어 준 거예요.

    "이렇게 큰 우산은 처음 본다."

    도시에서는 경험할 수 없는 일이었어요. 아이들은 신기한 듯 나무를 올려다보았어요.

석수는 우산이 되어 준 나무가 고마웠는지 가만히 쓰다듬고는 뺨을 비볐어요. 나무가 대답이라도 하듯 초록 잎사귀를 흔들었어요. 댕기 머리 소년은 옆에서 물끄러미 아이들을 바라보았어요.

지이이잉! 그때 강호 휴대 전화가 부르르 울렸어요. 화면에 캠프 담당자인 구름 선생님 이름이 떴어요.

"선생님! 저희 여기 있어요."

강호가 울먹였어요.

"여기가 어디냐면요……."

주변을 둘러보던 강호는 다른 친구들한테 도움의 눈길을 보냈어요. 하지만 다들 아무 말도 못 했어요. 쓰레기 구덩이에 빠진 후부터는 방향 감각을 완전히 잃었거든요.

그때 댕기 머리 소년이 손을 내밀었어요. 전화를 바꿔 달라는 뜻이었어요.

"구름 샘, 안녕하세요. 숲 공터에서 왼쪽으로 들어오면 커다란 나무가 보여요. 저희들 거기 있어요."

아이는 구름 샘과 잘 아는 사이처럼 보였어요. 휴대 전화를 돌려받은 강호는 눈물이 쏙 들이갔어요. 나머지 아이들도 의아하긴 마찬가지였어요. 이 아이의 정체는 무엇일까요? 누군데 구름 샘을 알고 있고, 아이들을 구해 주기까지 한 걸까요?

지구를 지키는 최무진

환경 캠프의 마지막 날이 밝았어요.

어젯밤 일은 마치 꿈 같았어요. 아이들은 졸린 눈을 비벼 가며 숲속 놀이터로 향했어요. 미리 와 있던 구름 샘이 반갑게 맞아 주었어요.

"환경 캠프의 마지막 순서죠. 일정에 나와 있듯이 『지구를 지켜라』의 저자인 무진 군을 초대해서 이야기 나눠 볼게요."

요란한 박수 소리와 함께 무진이라는 아이가 나타났어요. 하품을 길게 하던 수지와 수미는 잠이 싹 달아났어요.

"대박!"

바닥에 있는 개미를 뚫어져라 관찰하던 석수도 고개를 들었어요. 석수 또한 놀라서 젤리를 몰래 먹고 있던 강호 허벅지를 찔렀어요.

"왜, 왜?"

석수의 손가락을 따라 단상을 쳐다본 강호 입에서 젤리가 톡 떨어졌어요. 그와 동시에 강호는 자리에서 벌떡 일어섰어요.

"이상한 애다!"

모여 있던 아이들과 구름 샘이 강호를 쳐다봤어요. 석수는 강호 옷자락을 잡아당겼어요.

"어서 앉아."

어젯밤에 보았던 그 아이.

이상하고 이상했던 그 아이가 『지구를 지켜라』의 저자라니! 아이들은 믿기지 않은지 동시에 눈을 껌벅였어요. 무진이의 눈이 잠시 네 명의 아이에게 머물렀어요. 당황하는 네 명의 아이와 달리 무진이는 살짝 미소까지 지었어요.

어린이 환경 운동가로 이름이 알려진 무진이는 아빠와 함께 세계를 돌아다니며 환경 운동을 하고 있다고 했어요.

무진이가 알려 주는 지구 환경의 비밀

중세 사람들은 쓰레기를 밖에 던졌다고?

중세 유럽 사람들은 아무 생각 없이 쓰레기를 창밖으로 버렸어요. 무언가를 던질 때마다 조심하라는 말을 외치면서 말이에요. 그렇게 던진 쓰레기들은 거리를 가득 채웠어요. 거리에는 똥오줌과 쓰레기로 뒤덮여 파리 떼와 쥐가 득실거렸어요. 그 결과 페스트와 콜레라 같은 무서운 전염병이 돌았고 수백만 명의 사람들이 목숨을 잃었어요. 우리나라는 어땠을까요? 옛날 조선 시대에도 쓰레기 처리는 골칫덩어리였어요. 중심지인 서울에서 나오는 똥과 오줌은 거름으로 쓰지 않고 매일 도랑이나 개울에 버렸다고 해요.

"무진 군에게 궁금한 게 있으면 자유롭게 물어볼까?"

안경을 쓴 꼬마가 손을 번쩍 들었어요.

"형, 아프리카에 가면 물이 없어서 흙탕물을 먹는다는데, 진짜야?"

무진이는 말없이 사진 한 장을 보여 줬어요.

사진 속에는 맨발의 소녀가 뜨거운 태양 아래 커다란 통을 들고 걸어가는 모습이 담겨져 있었어요.

"이 사진의 소녀는 케냐에 사는 '사키라'라는 여덟 살 아이야. 오랫동안 비가 내리지 않아 땅이 마르다 못해 쩍쩍 갈라지는 곳에 살고 있어. 마실 물이 부족해서 4km 떨어진 웅덩이의 물을 매일 가지러 가. 햇살이 뜨거운 그 길을 신발도 없이 걸어가는 거야. 그 물마저도 깨끗하지 않아서 배탈이 나기 일쑤지."

꼬마는 사진을 오랫동안 바라봤어요.

무진이는 또 다른 사진을 보여 줬어요. 비쩍 마른 북극곰이었지요.

"사키라만 그런 게 아니야. 북극에 사는 곰은 온난화로 빙하가 녹으면서 살 곳을 위협 받고 있어. 예전처럼 먹이도 쉽게 구할 수가 없어."

무진이의 목소리에 슬픔이 가득 묻어났어요.

"형아, 사키라를 위해 난 뭘 해야 해?"

꼬마가 무진이 앞으로 다가갔어요. 무진이는 꼬마의 머리를 쓰다듬어 주었어요.

"더하기, 빼기 알지? 이제는 더하기가 아니라 빼기를 할 때야. 덜 쓰고 덜 버려야 사키라도 북극곰도 지킬 수 있어."

그런 무진이를 수지와 수미가 아이돌 보듯이 바라봤어요.

"멋지다!"

석수는 옛날 사람 같은 무진이가 뭐가 멋있다는 것인지 이해가 가지 않았어요.

"어디가 멋있다는 거야?"

젤리를 먹는 데 정신이 팔려 있던 강호는 뭔 얘기인지 몰라 어깨를 으쓱거렸어요.

그렇게 환경 캠프는 끝이 났고 집으로 돌아온 아이들도 무진이에 대해서 서서히 잊어버렸죠.

그러던 어느 날이었어요.

교실 문을 열고 선생님과 함께 한 아이가 들어왔어요.

단순히 전학생인 줄만 알았던 아이들은 그 아이가 무진이라는 사실을 알고 깜짝 놀라 벌린 입을 다물지 못했어요.

"오늘부터 우리 학교에 교환 학생으로 오게 된 최무진이야. 한 달 동안 나들 잘 지내길 바랄게."

더 놀라운 것은 무진이는 홈스테이를 할 예정이었는데, 머무는 집 가운데 석수와 강호네가 포함되어 있다는 사실이었어요. 환경 캠프에서 석수와 강호를 구해 주었다는 이야기를 듣고 부모님들이 신청했다는 사실을 석수와 강호는 까맣게 모르고 있었지요.

쉬는 시간에 무진이 곁으로 아이들이 몰려들었어요. 특히나 여자아이들은 무진이가 잘생겼다느니, 말을 엄청 잘한다느니, 머릿결이 왜 이렇게 좋냐는 둥 질문들을 쏟아 냈어요. 질문하는 아이들 중에는 수지와 수미도 있었어요.

석수는 기분이 이상했어요. 괜스레 자칭 꽃미남인 자기 자리를 빼앗긴 것 같고, 질투가 나는 것 같기도 하고 묘한 기분이 가슴에서 불쑥불쑥 치고 올라왔어요.

1장 환경 캠프에서 만난 이상한 아이

세계 지도로 보는 주요 환경 문제

알프스산맥
- 빙하의 후퇴

대보초
- 해수면 상승에 따른 산호의 백화 현상

킬리만자로산
- 1912년 이후 산 정상의 빙설 80% 이상 감소

남극반도
- 난센 빙붕이 1995년, 2002년, 2017년에 대규모로 붕괴

히말라야산맥
- 빙하의 후퇴

- **알래스카**
  - 영구 동토층의 해빙

- **그린란드**
  - 남부 지역 빙상의 감소

- **북극해**
  - 북극해의 해빙 감소
  - 북극곰의 서식지 감소

- **북태평양**
  - 태풍의 대형화와 발생 빈도 증가

- **카리브해**
  - 허리케인의 대형화와 발생 빈도 증가

- **로키산맥**
  - 글레이셔 국립 공원 1910년 100개가 넘던 빙하가 2015년에 26개로 감소

- **파타고니아 지방**
  - 빙하의 후퇴

- **안데스산맥**
  - 페루 남서부 1970~2017년 사이에 827㎢의 빙하가 사라지고 2000년대 들어 연간 20m씩 후퇴

환경 보호와 산업 발전은 공존이 가능할까?

일반적으로 환경 보호가 우선시된다면, 공장이나 산업 시설을 건설하면 안 돼요. 골프장이나 관광 시설도 환경 보호 원칙에 벗어나지요. 그렇다면 환경을 위해서 산업 발전을 포기해야 할까요? 무진이와 친구들의 대화를 살펴보고, 여러분도 생각을 정리해 보세요.

 나라가 부유해지려면 산업 시설을 많이 건설해야 되는 거 아냐? 환경만 생각할 수는 없지.

나도 같은 생각이야. 나라가 잘살게 되면, 결국 우리도 잘살게 되는 거잖아. 일자리도 많이 생기고.

 난 반대야. 지금도 골프장 때문에 산이 깎이고, 수많은 공장 폐수 때문에 물이 오염되고 있잖아. 그런데 공장 같은 걸 더 만든다고?

나도 반대. 이제는 환경 보호가 먼저 되어야 하는 거야? 물론 나도 잘 지키지는 못하지만.

 너희들 혹시 알프스 지역의 환경은 어떤지 알고 있니?

 나 알프스 알아! 『알프스 소녀 하이디』의 배경이 되는 곳이잖아. 거기 자연이 그렇게 아름답대.

 아마 그곳은 공장 같은 거 하나도 없을걸? 알록달록한 예쁜 집만 있을 거야. 그치?

 프렌치 알프스 지역은 유럽의 금속 공업 기술의 발상지 중 하나인데, 현재까지도 활발하게 공장이 가동된다고 해.

 아니, 그럼 우리가 사진에서 본 자연 풍경은 뭐야? 알고 보면 공장 지대였던 거야?

 공장이 돌아가려면 전기가 필요하지? 19세기부터 알프스 지역에서는 빙하가 녹아 흘러내리는 계곡물의 낙차를 이용한 수력 발전 기술이 발달했대. 일부러 댐을 만들지 않아도 계곡에 파이프와 발전기를 설치해서 전기를 생산한 거지. 자연을 그대로 이용한 거야. 게다가 모든 회사가 폐기물 처리 및 재처리, 오염 가스 배출 억제 시설과 장치를 갖추어서 환경을 오염시키지 않으려고 노력하고 있어.

 어? 환경을 파괴하지도 않고도 공장을 돌릴 수 있다고? 우리나라도 이렇게 하면 되는 거였잖아!

 우리나라도 이런 공장이 많았으면 좋겠다!

자연 친화적인 산업에는 어떤 것들이 있을까요? 친구들과 자료를 찾고, 이야기해 보세요.

초성 게임

환경에 관련된 단어를 얼마만큼 알고 있나요?
힌트를 참고해서 빈칸을 채워 보세요!

1

탄산 가스 등 온실가스에 의해 지구의 평균 기온이 올라가는 현상을 우리는 ㅈ ㄱ ㅇ ㄴ ㅎ 라고 불러요.

힌트
① 이것 때문에 극지방의 빙하가 녹아요.
② 빙하가 녹으면서 해수면이 높아져 산호섬이 가라앉아요.
③ 홍수, 폭설 등 자연재해가 자주 발생해요.
④ 생태계 변화를 가져와요.

2

ㅎ ㄱ ㅇ ㅇ 의 뜻은 인위적인 개발로 인해 자연이 파괴되고 교통 기관, 공장 등에서 나오는 오염 물질 등으로 인간의 생활 환경이 점점 더렵혀지는 일을 말해요.

힌트
① 이것으로 인해 그곳에 살고 있는 생물의 종류와 수 또는 양이 줄어들거나 멸종되기도 해요.
② 이것의 종류로는 땅, 공기, 바다, 물 오염 등이 있어요.
③ 이것이 심해지면 사람들도 살 수가 없어요.

3

석유, 석탄과 같은 화석 연료를 대신할 에너지 자원을 우리는 ㄷ ㅊ ㅇ ㄴ ㅈ 라고 해요.

힌트
① 석유나 석탄은 무한정 있는 것이 아니기 때문에 우리는 이것을 개발해야 해요.
② 이것의 종류에는 무공해, 무한정 태양력이 있어요.
③ 8월 22일은 에너지 날이에요. 이것과 관련된 날이기도 해요.

정답: ❶ 지구온난화, ❷ 환경 오염, ❸ 대체에너지

3월 22일의 비밀

석수는 심통이 났어요. 방과 후에 아이들과 축구 시합 약속이 있었는데, 무진이를 집까지 데려가야 해서 할 수 없게 되었거든요.

"끝나고 무진이랑 같이 와. 우리 집에서 같이 지내기로 한 거 알지?"

무진이 일을 물어보려고 전화했던 석수에게 엄마가 먼저 한 말이었어요. 그러고 보니 예전에 얼핏 들었던 기억이 나는 것도 같아요.

"그러지 말고 기다리라고 해. 아니면 같이하든가."

같은 팀인 동혁이가 무진이에게 말해 보라고 등을 떠밀었어요. 석수는 내키지 않은 표정으로 발걸음을 옮겼어요. 무진이는 운동장에서 쓰레기를 줍고 있었어요. 일부러 보란 듯이 그러는 것 같아서 무진이가 더 마음에 안 들었어요.

"야……, 축구 같이 할래?"

먼 거리에서 그것도 아주 작게 말하니 들릴 리가 없었어요. 무진이가 고개를 들었을 때 석수는 이미 축구 골대로 뛰어가고 없었어요.

시간이 꽤 흐른 후 석수는 흐르는 땀을 닦으며 운동장을 휘 둘러봤어요. 조금 전까지 있던 무진이가 보이지 않았어요. 석수는 머리부터 발끝까지 땀에 흠뻑 젖어 물에 빠진 생쥐 같았어요. 온몸이 끈적끈적해서 얼른 샤워를 하고 싶었지요.

"대체 어디 간 거야?"

운동장에 있어야 할 무진이가 사라졌어요. 도서관에도, 재활용장에도 없었어요. 운동장은 텅 비어 가는데 무진이는 그림자조차 눈에 띄지 않았어요. 솔직히 무진이가 다른 집에서 자길 바라던 석수는 이때다 싶었어요.

"알아서 오겠지. 난 할 만큼 했어."

발걸음을 재촉하며 아파트 입구에 다다랐을 때, 석수를 불러 세운 것은 경비 아저씨였어요. 경비 아저씨가 누런 봉투 한 장을 내밀었어요.

"이걸 누가 전해 주라고 하더라."

"누가요?"

"머리가 긴 여자아이던데."

누런 봉투 한 장이 석수 손에 쥐어졌어요. 얼마 전 학원에서 고백을 받았던 석수는 이번에도 그런 편지가 아닐까 싶어 의기양양하게 봉투를 열었어요. 봉투 안에는 쪽지가 들어 있었어요.

'3 · 22'

3월 22일에 만나자는 건가? 그런데 지금은 5월이었어요. 뒷면에는 아무것도 없었어요. 좋아한다는 고백도 전화번호도 이름도 없었어요. 석수는 주머니에 쪽지를 집어넣었어요.

"무슨 날인 줄 알아?"

석수는 깜짝 놀라 뒤를 돌아봤어요. 무진이었어요.

"설마, 네가 장난친 거야? 무슨 날인지 알 게 뭐야."

고백 편지인 줄 알고 좋아했던 석수는 얼굴이 확 달아올랐어요. 석수는 쪽지를 주머니에서 꺼내 휙 던져 버리고 빠른 걸음으로 걸어갔어요.

엘리베이터 닫힘 버튼을 빠르게 누르던 석수는 아차 싶었어요. 무진이랑 같이 가지 않으면 엄마한테 야단맞을 것 같았거든요.

석수는 엘리베이터 문을 열고 고개를 삐죽 내밀었어요.

"얜 또 어디 간 거야. 에이, 몰라."

어느덧 3층에서 엘리베이터 문이 스르르 열렸어요. 그런데 문 앞에 무진이가 서 있지 뭐예요.

"3층 정도는 걸어 다니는 게 좋아. 에너지도 절약하고 운동도 하고

일석이조지."

또 잘난 척하는 무진이가 석수는 못마땅했어요.

 나만 아낀다고 달라져?

석수는 콧방귀를 뀌며 현관문을 거칠게 열었어요.

"엄마!"

부엌에 있던 엄마가 함박웃음을 지으며 무진이를 맞았어요.

"안녕하세요? 처음 뵙겠습니다."

무진이가 공손하게 인사했어요.

"네가 무진이구나. 우리 집에 잘 왔다."

석수는 가방을 소파에 던지고 욕실에 들어가 문을 쾅 닫았어요.

"쟤가 왜 저래. 석수야, 친구만 놔두고 들어가면 어떡해."

"씻고 싶단 말이에요!"

욕조 안에 넘치도록 물을 받은 석수는 욕조 안으로 풍덩 소리를 내며 들어갔어요. 시원한 물속에 몸을 담그니 기분이 날아갈 듯했어요.

그때 문이 벌컥 열렸어요. 또 무진이었어요.

"야, 뭐야! 노크도 없이."

석수는 물속에 몸을 더 깊이 담갔어요.

"노크했는데? 한참 기다려도 대답이 없어 들어온 거야. 나도 같이 씻으려고."

"누가 너랑 같이 씻는다고 했어?"

기분이 엉망이 된 석수는 욕조 물을 막아 두었던 마개를 열었어요. 콸콸 소리를 내며 하수구 구멍으로 물이 빨려 들어갔어요. 그러자 무진이는 급하게 구멍을 다시 막았어요.

"물을 그냥 버리면 어떡해."

"그럼 그냥 버리지. 네가 마실래?"

"아프리카의 여러 나라들은 물이 부족해서 하루에도 수천 명의 어린아이들이 죽어 가."

"또 그 소리! 그래서 아프리카에 욕조 물을 보내라는 말이야?"

억지라는 것을 알지만 석수는 이미 뱉어 버린 말을 주워 담기는 싫었어요.

석수는 무진이가 보란 듯 샤워기를 틀었어요. 뜨거운 물이 시원하게 쏟아졌어요. 무진이가 다시 물을 잠갔어요.

"뜨거운 물은 공짜가 아니야. 필요할 때만 써야지. 물을 데우는 데에도 연료가 들어가기 때문에 에너지 낭비라고."

석수는 대꾸하기도 싫었어요. 얼른 씻고 나가고 싶었어요. 무진이랑 같이 있는 시간이 너무 길게 느껴졌어요.

빨리 머리 감고 나가려고 샴푸를 길게 쭉 짰어요. 양이 적으면 거품이 잘 나지 않거든요. 거품이 많아야 감는 것 같은 기분이 들었지요.

보글보글 석수의 머리에서 거품이 계속 생겼어요. 이러니 샤워 시간이 길어질 수밖에요. 석수는 샤워할 때마다 물과 샴푸를 펑펑 쓰는 습관이 있었어요.

석수가 마지막 헹굼을 하려고 할 때였어요.

"어, 왜 물이 안 나오지?"

석수가 당황했어요. 범인은 이번에도 무진이었어요.

"야! 너 진짜 왜 이래?"

"샤워 시간이 20분이나 지난 거 알아? 그리고 샴푸, 린스, 보디 워시는 딱 한 번만 짜서 써야지. 그렇지 않으면 물도 많이 쓰게 되고 물 오염의 원인이 된다고."

석수는 머리를 쥐어뜯었어요.

"아아아아아아!"

괴성을 듣고 석수 엄마가 뛰어왔어요.

"무슨 일이야?"

문 밖에서 놀란 석수 엄마 목소리가 들려왔어요.

"짜증 나!"

석수가 으르렁거렸어요. 그래도 무진이는 신경 쓰지 않았어요. 태연한 무진이의 모습이 석수를 더 약 오르게 했지요.

무진이는 석수 엄마에게 다 읽은 신문이 있는지 물어봤어요.

뜬금없이 신문이라니? 석수와 석수 엄마는 고개를 갸웃했어요.

"잠깐만, 찾아볼게."

석수 엄마가 빛바랜 신문을 찾아왔어요. 무진이는 신문을 넓게 펴 물 위에 펼쳐 놓았어요. 잠시 후 신문을 거두자 물 위에 떠 있던 부유물_{물 위나 물속, 또는 공기 중에 떠다니는 물질}이 신문에 묻어났어요.

2장 귀찮아서 안 할 뿐이야

"감쪽같죠? 목욕물은 욕실 청소나 변기를 내릴 때만 쓸 수 있는 게 아니에요. 이렇게 부유물이 없어지면 식물에게 줄 수도 있어요."

'저럴 시간에 운동이나 하지.'

시간 낭비하는 무진이가 석수는 한심해 보였어요.

"샤워기를 절수 기능이 있는 것으로 바꾸시면 어때요?"

"아, 그거 말이지. 사실은……."

석수 엄마가 말끝을 흐렸어요. 얼마 전까지만 해도 석수네는 절수 샤워기를 사용했어요. 석수가 불편하다고 투덜거리는 바람에 교체한 것이

었지요. 석수는 괜히 찔려서 목소리를 높였어요.

"절수기를 쓸 줄 몰라서 안 쓰는 거 아니거든! 불편하니까 안 쓰는 거지."

"우리가 좀 불편해야 지구가 아프지 않아."

무진이 표정은 진지했어요. 석수는 무슨 말을 더 하려다 말았어요. 자기만 지구를 아프게 하는 나쁜 사람이 된 것 같았어요.

그날 밤 석수는 무진이랑 자고 싶지 않아 조용히 거실로 나왔어요. 그러다 새벽에 겨우 잠이 들었지요.

다음 날 석수는 늦잠을 자고 말았어요.

"엄마, 왜 안 깨웠어요?"

신경질을 내며 욕실로 들어간 석수가 칫솔에 치약을 쭉 눌러 짰어요. 칫솔 위로 치약이 길게 묻어났어요.

"치약은 적당히! 콩알만큼이 좋아. 치약이 많을수록 많이 헹궈야 하고 그만큼 많은 물을 써야 하니까."

또 무진이었어요. 석수는 콧방귀를 뀌며 손에 비누칠을 했어요. 손을 깨끗이 닦고 손바닥에 물을 받아 입을 헹굴 생각이었어요. 물을 계속 틀어 놓은 상태로 말이죠. 무진이가 물을 잠그고 물컵을 내밀었어요.

"필요 없어."

석수는 나만 아낀다고 지구가 푸르게 되는 것도 아닌데 유난스럽게

구는 무진이를 이해할 수 없었어요.

'아, 짜증 나는 스타일이야.'

석수는 무진이가 빨리 숲으로 돌아갔으면 좋겠다고 생각했어요.

무진이가 하면 나도 한다

다음 날 방과 후 수업이 끝나고 석수는 무진이에게 말도 없이 혼자 집으로 돌아왔어요. 부엌에서 일을 하다 나온 석수 엄마가 현관문을 계속 쳐다봤어요.

"무진이는?"

"친구들이랑 노느라 바쁜가 봐요. 근데 뭐 하세요?"

석수 입에서 거짓말이 술술 나왔어요.

"무진이가 폐식용유로 빨랫비누를 이렇게 많이 만들어 놓았지 뭐니. 잘라서 이웃들이랑 나눠 쓰려고. 나이는 어려도 환경을 생각하는 마음이 어른인 엄마보다 낫지 뭐야."

"칫."

반 아이들은 무진이가 대단하다며 엄지손가락을 치켜세웠고, 엄마는 어른보다 낫다며 칭찬을 아끼지 않았어요.

석수는 이상하게 무진이를 생각하면 질투심과 함께 경쟁심이 발동했어요.

'두고 보라지. 누가 환경 박사인지 보여 주겠어.'

그 길로 도서관으로 달려간 석수는 『환경 지킴이』, 『내가 환경 박사』, 『지구는 내가 지킨다』 등 환경 관련 책을 한아름 빌려와서는 방에 틀어박혀 읽고 또 읽었어요.

무진이 때문에 읽기 시작한 책이지만 읽을수록 미래의 환경이 자꾸 걱정이 되었어요. '나 하나쯤 어때?'라는 생각을 했던 자신이 부끄러워졌지요.

작은 것들이지만 물을 아끼기 위해서 할 수 있는 일들이 아주 많았어요. 화장실 변기 물통 속에 벽돌이나 물을 채운 페트병을 넣는 것만으로 물을 절약할 수 있었어요. 벽돌 부피만큼 물을 아낄 수 있다니 신기했어요.

"엄마, 벽돌 어디 있어요?"

"갑자기 벽돌은 왜?"

설거지를 하려다 석수 엄마가 멈칫했어요.

"변기에 넣어서 물 아끼려고요."

무진이가 알려 주는 **지구 환경의 비밀**

지구를 위한 플로깅

플로깅은 조깅을 하면서 쓰레기를 줍는 새로운 개념의 운동이에요. 이삭을 줍는다는 뜻인 스웨덴어 'plocka upp(pick up)'과 '조깅(jogging)'을 합친 말이죠. 스웨덴에서 처음 시작된 플로깅은 당시 주민들이 조깅을 하며 쓰레기를 줍는 새로운 놀이라고 표현했어요. 커다란 봉투를 들고 거리에 널브러진 쓰레기를 최대한 많이 주우면서 목적지까지 일정한 속도를 유지하는 방식으로 운동한답니다.

"우리 석수가 기특한 생각을 했네. 석수 덕에 물을 아껴서 수도 요금을 절약해 볼까?"

석수 엄마는 씽긋 웃었어요. 석수는 쑥스러워서 머리를 긁적였어요.

석수 엄마는 하려던 설거지를 다시 시작했어요. 수세미에 주방 세제를 듬뿍 묻혔지요.

"엄마, 잠깐! 쌀 씻은 물을 써야죠! 쌀 씻은 물로 세수를 하면 피부에도 좋대요. 그리고 설거지용 세제 대신 쌀 씻은 물로 설거지를 하면 물의 오염까지 막을 수 있다는 거 엄마도 아세요?"

석수는 책에서 읽은 내용을 얘기했어요.

"엄마도 알긴 아는데…… 귀찮고 불편하단 말이야."

"무진이 말 못 들었어요? 우리가 불편하면 지구가 아프지 않다고요."

"아이고, 알았다 알았어. 대신 조금만 쓸게."

석수 엄마는 설거지용 세제를 콩알만큼 짰어요.

변기에 주워 온 벽돌을 넣고 석수는 뿌듯했어요. 세면대 옆에도 작은 양치 컵을 가져다 두었어요. 물 한 컵이면 입을 헹구는 데 충분했죠.

무진이는 저녁이 다 되어서야 집으로 돌아왔어요. 석수가 아무 말 없이 집에 먼저 왔는데도 화를 내거나 따지지 않았어요. 생각해 보니 무진이는 석수를 나쁘게 대한 적이 없었어요. 물을 아끼는 방법에 대해 얘기했을 뿐이었지요.

어느덧 무진이가 석수네 머무는 마지막 날이 되었어요. 저녁을 먹은 후, 석수는 무진이 옆에서 괜히 책을 뒤적거렸어요.

책장을 넘기다 석수 눈을 사로잡는 날짜가 있었어요. 3월 22일.

"이제야 찾은 거야?"

석수 옆에 다가온 무진이가 배시시 웃고 있었어요.

"아, 아니거든! 예전부터 알고 있었다, 뭐."

탁 소리가 나게 책을 덮은 석수가 벌떡 일어섰어요. 3월 22일이 물의 날인 줄 몰랐지만 큰소리를 쳤어요. 석수는 다시 그날이 떠올랐어요. 고백 받은 줄 알고 좋아했던 날 말이에요. 석수 얼굴이 붉게 달아올랐어요.

무진이가 알려 주는 지구 환경의 비밀

탄소 배출권이란?

온실가스의 배출에 대한 권리를 말해요. 교토 의정서(1997년 12월 일본 교토에서 개최된 기후 변화 협약 제3차 당사국 총회에서 채택)에 의해 국가별로 할당되며, 할당량을 초과하여 줄이거나 줄이지 못한 부분은 국가 간에 거래할 수 있는데, 이것을 탄소 배출권 거래 제도라고 해요. 반대로 탄소를 줄여 나간 업체는 줄인 만큼 탄소 배출권을 판매할 수도 있어요. 교토 의정서 지정 6대 온실가스인 이산화탄소, 메테인, 아산화질소, 과불화탄소, 수소불화탄소, 육불화황을 줄인 실적을 국제 연합 기후 변화 협약(UNFCCC)에 등록하면 감축한 양만큼 탄소 배출권을 받게 되어요.

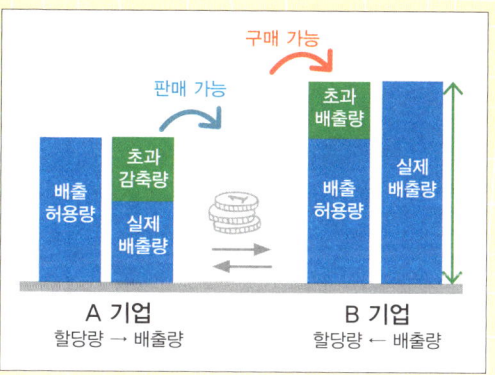

세계 주요 물 분쟁 지역 10곳

*독일 기후 환경 싱크 탱크 아델피 2017년 선정

① 나일강 유역 물 분쟁
- 수자원 배분을 놓고 11개 유역 국가 오랜 갈등
- 르네상스댐 문제로 이집트·에티오피아 충돌

② 예멘 물 부족 사태
- 인구 폭증, 부실한 물 관리 정책
- 부족 간 충돌, 사회 혼란 심화

③ 유프라테스·티그리스 분쟁
- 터키, 시리아, 이라크 오랜 갈등
- 일리수댐 완공 이후 터키·이라크 충돌

⑩ 볼리비아의 수자원 민영화
- 2000년 볼리비아 코차밤바 수도 민영화로 격렬한 반발
- 수도 재국영화 이뤄졌지만 물 관리 결함 등으로 공급 부족

⑨ 이집트의 물 부족
- 인구 증가, 기온 상승, 물 소비 증가 등 수자원 압박 가중
- 물 부족으로 국내 경제 위협, 지역 국가들과도 갈등

⑧ 터키·아르메니아의 갈등과 협력
- 국경 형성하는 아쿠리안강을 두고 오랜 갈등
- 협력과 대화 통해 수자원 50% 배분 합의

④ 아프간·이란 갈등
- 아프간, 전후 복구 및 개발 위해 헬만드강, 하리강 개발
- 이란은 수자원 안보 위협으로 인식

⑤ 메콩강 댐 개발 분쟁
- 중국·라오스, 수력 발전용 댐 건설 박차
- 하류 유역 국가들 일제히 반발

⑥ 인도 카베리강 분쟁
- 카르나타카 타밀나두주, 카베리강 수자원 분쟁
- 가뭄 계속 이어지면서 갈등 심화

⑦ 소말리아의 가뭄
- 가뭄 계속되면서 목축 농경민 갈등 심화
- 빈곤 커지면서 알샤밥 등 무장 세력 확대

국가별 1인당 하루 물 사용량 (단위: ℓ)

독일	132
덴마크	246
프랑스	281
영국	323
일본	357
이탈리아	383
한국	395
호주	480

각국 가정용 수도 요금(t당) (단위: 원)

* 한국의 경우 업무용 영업용 등을 포함하면 t당 396.9원

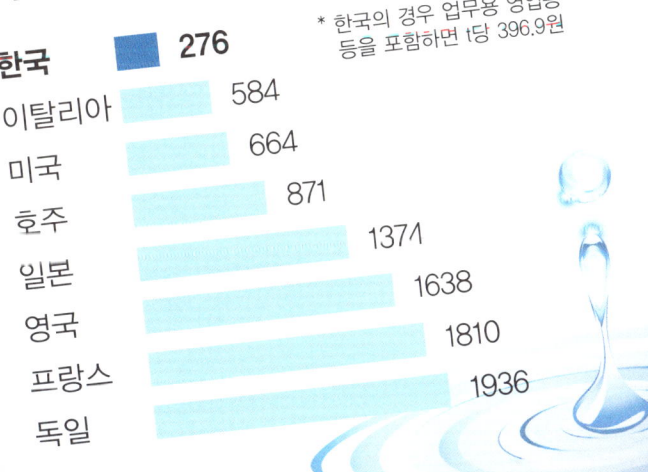

국가	요금
한국	276
이탈리아	584
미국	664
호주	871
일본	1374
영국	1638
프랑스	1810
독일	1936

자료: 세계 자원 연구소

기후 때문에도 난민이 생긴다고?

난민의 사전적 의미는 전쟁이나 이념 갈등으로 인해 발생한 재화를 피하기 위하여 다른 나라나 다른 지방으로 가는 사람을 말해요. 난민의 유형은 전쟁이나 정치적인 압제로 인해 도피처를 찾거나, 경제적 빈곤 등으로부터 벗어나 생활 조건을 개선하기 위한 목적으로 자신의 고향을 떠나는 집단 혹은 개인 등이지요.

요즘 들어 전쟁 난민, 경제 난민이 아닌 '환경 난민' 또는 '기후 난민'이라는 말이 종종 들려와요. 기후 난민이란 기후 변화의 원인으로 생존을 위협 받아 어쩔 수 없이 삶의 터전을 떠나 있는 사람들을 말해요. 최근 들어 환경의 변화로 가뭄, 폭우, 홍수, 지진과 같은 기상 이변 등이 늘어나면서 기후 난민이 생겨난 거예요.

기후 난민 문제가 가장 심각한 지역으로 알려진 남태평양 적도 부근의 섬들은 해수면 상승으로 이미 나라 전체가 위협받고 있는 상황이에요. 특히 투발루의 9개 섬들 중 이미 2개의 섬은 바닷속으로 가라앉은 상태이며, 나머지 섬들도 식물이 살 수 없는 곳이 되어 가고 있다고 해요. 이 때문에 투발루 정부는 1만여 명에 이르는 국민 전부를 가까운 국가로 이주시키는 사업을 추진하고 있대요.

방글라데시는 해수면 상승으로 2050년까지 국토의 17%가 침수되고, 약 2000만 명의 기후 난민이 발생할 것이라는 예상이 나오고 있어요. 1990년대부터 기후 변화로 인한 '이상 홍수'로 인해 삶의 터전이 물 밑으로 가라앉고 있기 때문이에요. 또한 홍수로 농경지와 식수 오염이 심각해지자 농사지을 땅을 새우 양식장으로 바꾸면서 농민들을 포함한 많은 기후 난민들이 발생하고 있어요.

기후 난민의 원인을 들여다보면 지구 온난화 등의 자연재해나 원전 사고로 인한 방사능 피폭 등의 환경 파괴가 주요 원인이라 볼 수 있어요. 또한 이산화탄소 등 온실가스의 배출량 증가와 관련이 있지요.

기후 난민은 우리에게 다른 세상의 이야기가 아니에요. 삶의 터전을 잃어 가는 이웃들을 위해서 우리는 무엇을 할 수 있을까요?

해안 홍수 때 위험 도시
단위: 명, 피해 예상 주민 수(2070년 인구 가정)

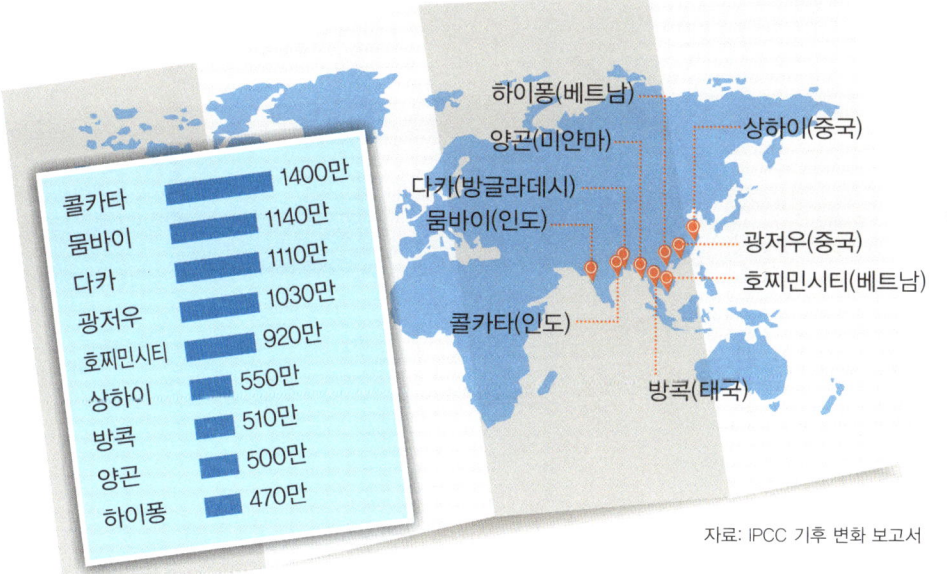

자료: IPCC 기후 변화 보고서

사다리 타기 퀴즈

우리 주위에 숨어 있는 놀라운 사실!
사다리를 타고 확인해 보아요.

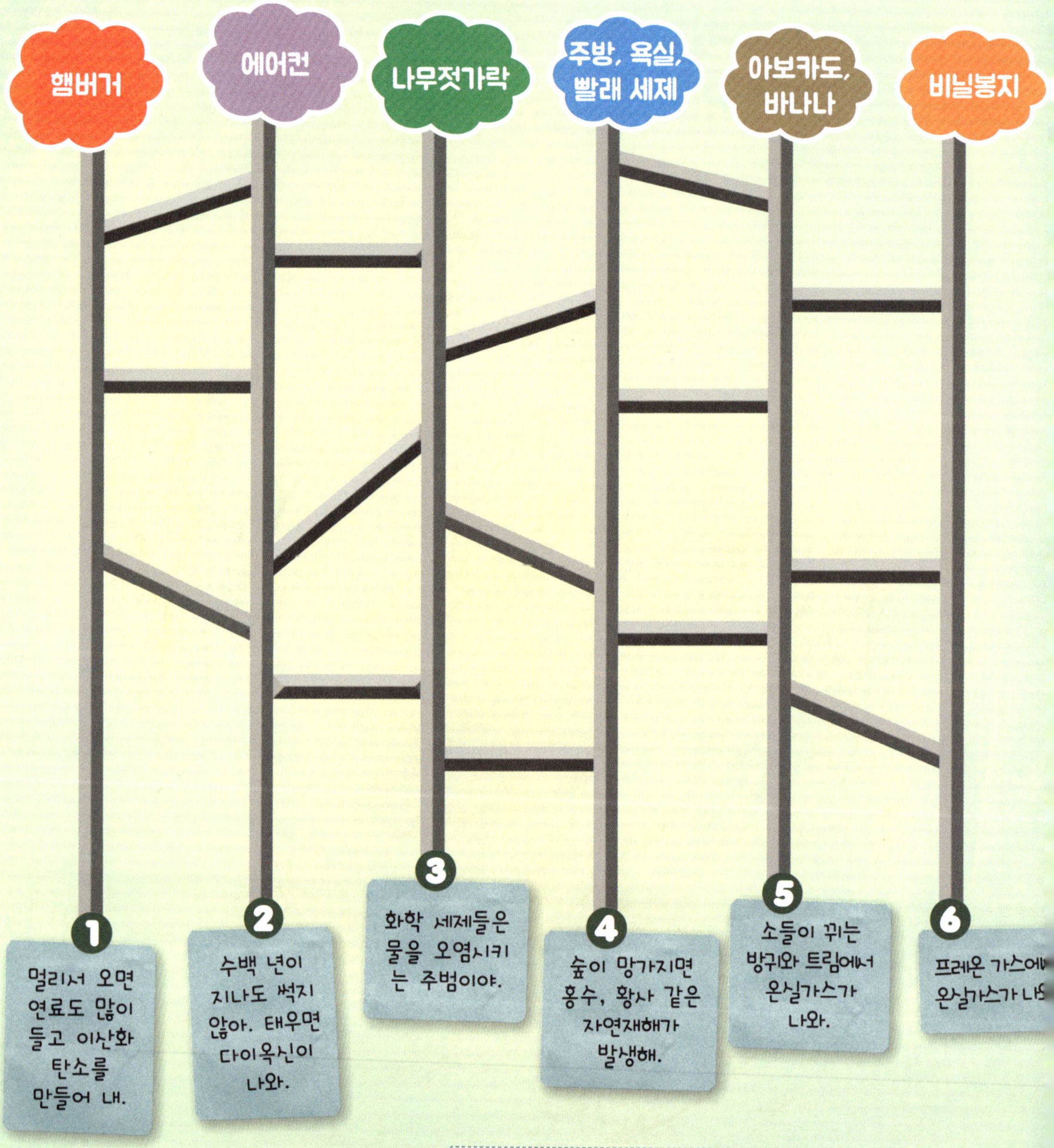

- 햄버거
- 에어컨
- 나무젓가락
- 주방, 욕실, 빨래 세제
- 아보카도, 바나나
- 비닐봉지

1 멀리서 오면 연료도 많이 들고 이산화 탄소를 만들어 내.

2 수백 년이 지나도 썩지 않아. 태우면 다이옥신이 나와.

3 화학 세제들은 물을 오염시키는 주범이야.

4 숲이 망가지면 홍수, 황사 같은 자연재해가 발생해.

5 소들이 뀌는 방귀와 트림에서 온실가스가 나와.

6 프레온 가스에 온실가스가 나와.

정답: 햄버거-❶ / 에어컨-❻ / 나무젓가락-❹ / 주방, 욕실, 빨래 세제-❸ / 아보카도, 바나나-❺ / 비닐봉지-❷

🍔 햄버거가 무슨 잘못이야?

강호는 교실 앞에서 무진이를 기다렸어요. 오늘부터 무진이는 강호네 집에서 지내게 되었어요. 강호는 무진이가 오기를 손꼽아 기다렸어요. 외동인 데다 부모님이 장사를 하고 있어서 혼자 지내는 시간이 많았거든요. 집안일을 도와주는 아주머니가 오시긴 했지만, 또래 친구랑 이틀 동안 같이 지낼 수 있다는 사실만으로 들떴답니다.

"졸졸 따라다니면서 얼마나 잔소리를 하는지……. 귀에 딱지가 앉을 지경이야."

석수가 무진이랑 하루 지내고 와서 한 말이었어요. 그다음 날도 입에 모터가 달린 것처럼 석수는 무진이 얘기를 꺼내고 또 꺼냈어요. 대부분

무진이 때문에 짜증 난다는 얘기들이었지요. 살짝 걱정이 되었지만 강호는 고개를 흔들어 떨쳐 버렸어요.

항상 교실에서 제일 늦게 나오는 건 무진이었어요. 강호는 무진이가 뭘 하는지 까치발을 들고 창문을 기웃거렸어요.

삐뚤어진 책상 줄을 맞추고 바닥에 떨어진 지우개, 연필들을 주워 선생님 자리에 올려놨어요. 지우개나 연필들은 작을 대로 작아져서 쓸 수나 있을까 싶은 것들이었어요. 마지막으로 에어컨은 잘 꺼져 있는지, 불은 껐는지 스위치를 확인하고 나왔어요. 강호는 무진이가 특별한 사람처럼 보였어요.

"무진아!"

"미안. 오래 기다린 거야?"

"조금. 헤헤."

사실 아까부터 강호는 조바심이 났어요. 무진이랑 꼭 가고 싶은 곳이 있었거든요. 강호는 무진이 손을 잡아끌었어요.

"어디 가는데?"

"가 보면 알아."

강호가 무진이 손을 끌고 간 곳은 새로 생긴 햄버거 집이었어요.

"한입 물면 육즙이……. 꺄아아아."

햄버거를 한입 먹은 것처럼 강호는 침을 꿀꺽 삼켰어요.

"잠깐 기다려."

강호는 무진이에게는 물어보지 않고 주문을 하러 갔어요. 햄버거 싫어하는 애는 한 번도 본 적이 없었거든요.

잠시 후 소고기 빅더블버거 3개와 감자튀김 2개, 콜라 2개가 담긴 쟁반을 들고 강호가 나타났어요.

"먹어 봐. 여기 소문난 맛집이야."

치즈와 소고기 패티, 채소가 겹겹이 쌓인 두툼한 햄버거를 양손으로 누르자 납작해졌어요. 강호는 입을 크게 벌리고 한입 크게 베어 물었어요. 양볼이 빵빵해지고 입 끝자락으로 소스가 묻어났어요.

한 개를 게 눈 감추듯 먹어 치운 후 또 한 개의 햄버거를 집어 들던 강호는 그제야 무진이의 햄버거가 그대로 있다는 사실을 알았어요.

강호는 어서 먹으라고 턱짓을 했어요.

"지구 온난화는 햄버거부터 시작돼."

무진이의 말에 햄버거를 맛있게 먹던 강호는 켁켁거렸어요.

"햄버거가 뭐 어쨌다고? 햄버거랑 지구 온난화랑 무슨 상관이야. 햄버거 때문에 지구가 더워진다는 얘기는 처음 들어 봐. 햄버거가 들으면 서운하겠다."

햄버거라면 자다가도 벌떡 일어나는 강호 입장에서는 억지도 이런 억지가 없었어요.

"먹기 싫으면 그냥 싫다고 해. 내가 다 먹을 거야."

강호가 툴툴거렸어요.

"네가 맛있게 먹는 햄버거 패티용 고기를 얻기 위해 목장에서 기르는 소들이 방귀랑 트림을 얼마나 할까?"

햄버거 먹다 갑자기 지구 온난화를 얘기하더니, 이젠 소가 뀌는 방귀랑 트림을 들먹였어요.

"내 방귀랑 트림도 못 세는데 그걸 어떻게 알아."

강호는 감자튀김을 한 움큼 입에 넣고 오물거렸어요.

"소들이 트림과 방귀를 뀔 때마다 메테인 가스는 쉬지 않고 계속 나와. 지구 온난화의 주범이 이산화탄소와 메테인 가스거든. 그뿐만이 아니야. 소들이 먹을 풀을 기르느라 나무를 베어 버려 숲이 사라지고, 소들이 싼 똥을 치워야 되니 그만큼 많은 물이 들 수밖에."

무진이의 말을 듣던 강호는 손에 들고 있던 햄버거를 슬그머니 내려놓았어요. 무진이 말을 듣고 보니 햄버거 맛이 뚝 떨어졌어요.

"차라리 말해 주지 말지."

무진이가 알려 주는 **지구 환경의 비밀**

지구 온난화 때문에 고대 바이러스가 깨어난다고?

지구 온난화로 인해 남극, 북극 지방의 빙하가 녹고 있다는 사실을 알고 있나요? 온도가 올라가면서 영구 동토층(2년 이상 늘 얼어 있는 땅)이 녹게 되고 그 안에 잠들어 있던 고대 바이러스가 바깥으로 나올 가능성이 있어요.
한국 해양 과학 기술원 연구소는 1만 5천 년 된 티베트 빙하에서 현재 존재하지 않는 28종의 바이러스가 발견되었다고 밝혔어요.
학자들은 이러한 고대 바이러스가 현대 과학으로는 해결하기 어려운 무서운 전염병을 일으킬 수 있다고 경고하고 있어요.

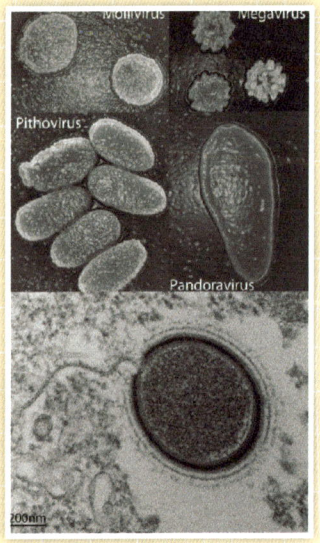

고개를 푹 숙인 강호는 쟁반을 들고 일어섰어요.

"뭐 하려고?"

"먹지 말라며."

"조리된 거는 먹어야지. 음식 쓰레기를 만들 수 없잖아. 음식물이 썩으면서 나오는 메테인 가스도 어마어마하다 말이야."

"그…… 그럴까?"

강호는 씩 웃으며 남아 있는 햄버거를 남김없이 깨끗하게 먹었어요.

무진이 말이 맞아

햄버거 가게에서 나온 강호는 지나가는 택시를 세우려고 했어요.

"너무 덥다. 택시 타고 집에 가자."

강호 볼 위로 땀이 주르륵 흘러내렸어요.

"집이 여기서 멀어?"

"아니, 석수랑 같은 아파트 살아."

아무리 천천히 걸어도 15분이면 될 거리를 강호는 택시를 타고 가겠다고 했어요. 이번에는 무진이가 강호를 잡아끌었어요.

"야, 왜 이래. 택시비는 내가 낼 거란 말이야."

"가까운 거리를 튼튼한 두 발로 걸어 다니면 운동도 되고 에너지도 절약할 수 있어."

무진이는 앞장서서 강호가 살고 있는 아파트로 향했어요. 그 뒤를 강호가 투덜거리며 걸어갔어요.

아파트 입구에 도착한 강호가 숨을 헐떡이며 몰아쉬었어요.

"학교까지 그리 멀지 않아 보이는데, 자전거 타고 가도 되겠어."

강호는 무진이 말에 덜컥 겁이 났어요.

"우리 집에는 자전거 없어. 진짜야."

사실 강호네 집에는 타지 않는 자전거가 두 대나 있었어요. 하지만 무진이한테는 절대 말하지 않을 생각이었죠.

계단으로 걸어가자고 할까 봐 강호는 또 선수를 쳤어요.

"14층은 걸어가긴 높아도 너무 높다, 그치?"

말이 떨어지기 무섭게 강호가 엘리베이터를 타자마자 닫힘 버튼을 눌렀어요.

"문이 닫힐 때까지 기다리자. 혹시 다른 사람이 탈지도 모르잖아? 우리가 바로 올라가면 엘리베이터는 뒤에 온 사람을 태우기 위해 다시 내려왔다 올라가야 하니 그만큼 에너지가 낭비되는 셈이거든."

강호는 걸어가지 않는 것만으로도 다행이라고 생각하고 고개를 끄덕였어요.

신발을 벗는 둥 마는 둥 집 안으로 뛰어 들어간 강호는 일단 에어컨부터 켰어요. 그러고는 거실 바닥에 대자로 드러누웠지요.

"내 사랑 에어컨! 무진아, 온도 좀 더 내려 봐."

무진이가 리모컨을 만지작거렸어요. 차가운 바람을 기대했던 강호는 뭔가 이상해서 일어났어요. 아니나 다를까 23℃로 맞춰 두었던 온도가 28℃로 올라가 있었어요.

"에어컨은 시원하라고 켜는 거야. 28℃가 뭐야."

강호가 리모컨을 뺏으려고 달려들었어요. 무진이도 지지 않고 리모컨을 뒤로 숨겼어요.

"에어컨과 선풍기를 함께 사용하면 훨씬 시원하고 전기 요금도 절약될 거야. 아님 부채도 있고. 가벼운 옷을 입는 것도 도움이 돼. 에어컨을 1℃ 내릴 때마다 지구가 아파한다고."

잔소리를 엄청 한다던 석수 말이 맞았어요.

강호는 짜증이 났어요. 무진이랑 맛있는 걸 먹으면서 게임을 하며 놀 생각이었는데 무진이는 온통 환경 얘기만 했어요.

"에어컨이나 냉장고에서 사용하는 냉매나 스프레이에는 프레온 가스를 사용하는데 오존층을 파괴하는 역할을 해. 오존층이 파괴되면 자외선이 직접적으로 사람과 동식물들을 비추게 돼."

그만하라고 말하려던 강호는 자외선이 비추게 되면 어떻게 될까 갑자기 궁금해졌어요.

"비추면 어떻게 되는데?"

"동식물은 제대로 자라지 못하고 사람들은 피부암에 걸릴 수 있어."

"피부암? 헉!"

햄버거를 내려놓을 때처럼 강호는 슬그머니 에어컨 온도를 올렸어요. 그 대신 냉장고 문을 벌컥 열었어요. 냉장고 안에는 먹을 것들로 가득 채워져 있었어요.

강호는 음료수를 마시는 동안 냉장고 문을 열어 두었어요. 어차피 곧 닫을 거라 괜찮다고 생각한 거죠.

"음료수 줄까? 아님 케이크? 아이스크림도 있어."

냉장고 앞에 서서 강호는 냉장실과 냉동실 문을 열었다, 닫았다를 반복했어요.

"냉장고 문 좀 그만 열지."

무진이가 조용히 냉장고 문을 닫았어요.

"냉장고 문도 내 맘대로 못 여냐?"

콧바람을 쌩쌩 일으키며 강호가 홱 토라졌어요. 무진이랑 같이 먹으려고 냉장고를 꽉꽉 채웠는데 무진이는 딴소리만 했어요. 강호는 자기 마음도 몰라주는 무진이가 서운했어요. 무진이같이 별난 애는 정말 처음이었어요.

"냉장고 문을 열 때마다 밖에 있던 더운 공기가 안으로 들어가고 안에 있던 찬 공기는 밖으로 나오게 되어 있어. 안으로 들어간 더운 공기를 차갑게 하기 위해 전기가 쓰일 수밖에 없고, 그럼 전기가 낭비되는 거라고."

"아, 너 진짜 너무한다. 나만 아낀다고 될 일도 아닌데 왜 나한테만 그래."

강호는 열이 훅 올라왔어요. 무진이가 피식 웃었어요.

"야! 내 말이 웃겨?"

"아니, 그런 거 아냐. 네가 석수와 똑같은 말을 하길래."

"에휴, 이게 석수가 말했던 잔소리 공격이구나."

"또 한 가지! 냉장고를 가득 채우는 것보다 70% 정도만 채우는 게 전기 요금을 아끼는 방법이야."

무진이의 잔소리는 듣기 싫었지만 다 맞는 말이었어요.

금세 배가 고파진 강호가 노란 바나나와 알맞게 익은 아보카도를 먹으려고 집어 들었어요.

"너도 아보카도 좋아해? 난 무지 좋아하는데. 엄청 고소하거든."

"아니. 안 좋아해."

"이렇게 맛있는 걸 왜 안 먹어?"

강호는 포크로 바나나와 아보카도를 한꺼번에 찍어 입에 넣었어요.

"아보카도와 바나나가 우리한테 오기까지 얼마나 먼 거리를 이동하는지 알면 먹고 싶지 않을 텐데. 운반하면서 발생되는 탄소도 무시 못 하지. 특히 아보카도는 기르기가 까다로워서 물도 많이 들고 익히면서 이산화탄소도 발생해."

그래도 먹을 거냐고, 무진이의 눈빛이 말하고 있는 것 같아 강호는 입맛이 뚝 떨어졌어요.

"그럼 뭘 먹냐!"

"우리나라 제철 음식들이 다양하게 많잖아. 과일도 많고."

생각해 보니 이번에도 무진이 말이 맞았어요.

강호는 괜히 큼큼거리며 헛기침을 했어요. 무진이는 환경에 대해선 막힘이 없었어요.

그때 강호 배 속에서 꼬르륵 소리가 났어요. 한참 열을 냈더니 햄버거가 다 소화된 모양이에요. 이번에는 컵라면을 먹으려고 전기 주전자에 물을 가득 담았어요. 무진이가 슬그머니 강호 앞에 앉았어요.

강호는 괜히 움찔해서 무진이를 바라보며 물었어요.

"이번엔 또 왜?"

"한번 맞혀 봐."

강호는 무엇이 문제인지 알 수가 없었어요. 무진이를 한 번 보고, 주전자 속의 물을 한 번 보았어요. 그때 번쩍하고 머릿속에 떠오르는 것이 있었어요.

"물이다!"

"오, 제법인데."

"많은 물을 끓이려면 전기가 더 많이 낭비되니까 쓸 만큼만 끓이라는 거지?"

주전자 물을 덜어 내며 강호가 손가락으로 브이 자를 그렸어요.

"또 찾아볼까?"

칭찬은 고래를 춤추게 한다더니, 무진이의 칭찬이 강호를 움직이게 했어요. 먹으려던 컵라면은 그대로 두고 강호는 이 방 저 방을 다니면서 꽂아 있는 플러그들을 뽑았어요.

"전기를 냠냠 빨아먹는 플러그는 뽑아 둬야지."

강호는 퀴즈 정답을 알아맞히듯이 에너지를 절약하는 방법을 찾는 것이 재미있었어요. 다시 방으로 들어간 강호가 나오더니 땀을 뻘뻘 흘리기 시작했어요.

"왜 이렇게 땀을 흘려? 많이 더워?"

이마에 흐르는 땀을 닦아 주며 무진이가 걱정스레 물었어요.

"옷 벗는 것 좀 도와줘."

강호가 끙끙거리며 옷을 벗으려고 했어요. 무진이는 강호를 도와 윗옷 벗는 걸 도와주었어요. 강호는 옷 속에 겨울에나 입는 내복을 입고 있었어요.

무진이가 알려 주는 지구 환경의 비밀

내복을 입는 게 에너지 절약에 도움이 된다고?

우리 신체 부위 중 추위를 가장 많이 타는 곳이 어딘지 아세요? 바로 지방이 적은 목이에요. 그래서 겨울에 목도리만 잘 둘러도 추위를 어느 정도 막을 수 있지요. 으슬으슬한 기운이 있을 때 헤어드라이어로 목 뒤에 뜨거운 바람을 쐬어 주면 금방 몸이 따뜻해지는 느낌을 받는답니다.

그리고 겨울철에는 내복을 입으면 난방 에너지를 절약할 수 있어요. 실내 온도를 19.6℃로 맞춰 놓고 내복을 입으면 난방 온도를 22℃ 높인 것과 같은 효과도 있대요(국립 환경 과학원 실험). 이렇게 내복을 입어 난방 온도를 2.4℃ 낮추면 무려 155만 t의 에너지를 줄일 수 있고, 동시에 344만 t의 온실가스를 줄일 수 있다고 해요. 정말 엄청나죠?

에너지 관리 공단의 자료에 따르면, 온 국민이 내복을 입어서 난방 온도를 3℃만 낮추어도 전국적으로 1조 3천억 원의 에너지를 절약할 수 있다고 하니, 내복을 안 입을 수 없겠죠?

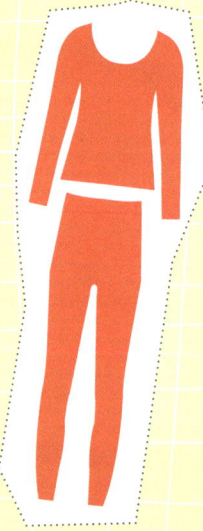

"내복을 왜 입었어?"

"에너지 절약 중에 내복 입기가 생각나서 한번 입어 봤어. 헤헤."

"풉. 그건 겨울 얘기지."

무진이가 웃음을 터뜨렸어요. 강호도 무진이를 따라 실실 웃었어요.

한눈에 보는 국제 기후 협약

파리 협정은 선진국만 온실가스 감축 의무가 있었던 1997년 교토 의정서와 달리 195개 당사국 모두에게 해당되는 첫 기후 합의라는 점에 역사적인 의미를 가진답니다. 이전 협약에서는 국가 단위의 온실가스 감축 노력만이 시행됐다면, 이번 파리 협정부

주요국의 NDC 내용

*NDC(국가 온실가스 감축 목표): 기후 변화에 대응하기 위하여 분야별로 당사국이 취할 노력을 스스로 결정하여 제출한 목표를 말한다. NDC는 감축, 적응, 재원, 기술, 역량 배양, 투명성의 6개 분야를 포괄한다.

국가명	감축 목표(%)	목표 연도	기준 연도	목표 유형	국제탄소 시장
대한민국	37	2030	–	BAU	○
미국	26~28	2025	2005	절대량	X
중국	60~65	2030	2005	집약도	–
EU	40	2030	1990	절대량	X
러시아	25~30	2030	1990	절대량	X
일본	26	2030	2013	절대량	○
인도	33~35	2030	2005	집약도	○
캐나다	30	2030	2005	절대량	○
호주	26~28	2030	2005	절대량	–
멕시코	(조건 없이) 25 (조건 포함) 40	2030	–	BAU	○
스위스	50	2030	1990	절대량	○

*BAU(Business As Usual): 기후 변화 현상과 관련하여 사용될 경우, 감축을 위한 특별한 조치를 취하지 않을 경우 예상되는 온실가스 배출 전망치를 의미한다.

자료: 환경부 파리 협정 길라잡이

터는 다국적 기업, 민간 부문, 시민 사회 등 새로운 주체들의 협력을 받기로 했다는 점이 주목할 만한 사항이에요. 국가들의 의무 시행만으로는 유기적인 활동이 어렵다고 본 것이지요. 한때 미국이 파리 협정 탈퇴를 선언하는 등 어려움도 있었지만 현재는 탈퇴를 철회한 상황입니다. 이번 협약을 지속해 나가는 일이 지구 온난화 문제의 해결책이 돼 줄 것이라 다들 기대하고 있답니다.

기후 변화 관련 국제 사회 논의 일지

1985년
세계 기상 기구·유엔 환경 계획, 첫 기후 총회 개최

1992년 6월
리우 환경 회의에서 유엔 기후 변화 협약 채택

1997년 12월
교토 의정서 채택, 선진국 온실가스 배출량 감축 합의

2001년 7월
미국을 배제한 교토 의정서 이행 규칙에 합의

2010년 11월
칸쿤 합의 채택, 개도국은 자발적 감축 행동 결의

2011년 12월
2020년 이후 기후 변화 체제 협상 개시 합의

2012년 12월
교토 의정서 적용을 2020년까지 연장하는 개정 의정서 채택

2013년 12월
각국, 2020년 이후 기후 변화 대응 기여 방안 제출 합의

2014년 12월
2015년 합의문 주요 요소 채택, INDC 제출 시기 구체화

2015년 11월
파리 유엔 기후 변화 협약 당사국 총회

2015년 12월 12일
파리 기후 변화 협정 최종 타결 개도국 등 195개국 참여

쓰레기를 자원으로 바꿀 수 있다고?

편의점에서 사 먹은 라면 용기에 비닐봉지와 플라스틱, 일회용 나무젓가락, 카페에서 마신 일회용 커피 컵 등 우리는 매일매일 아주 많은 쓰레기를 버리고 있어요.
그렇게 버려진 쓰레기들은 어떻게 처리되고 있을까요? 쓰레기들은 처리하기 전에 재사용, 재활용할 수 있는 것들을 구분해 다시 활용해요. 그 외의 쓰레기들은 불에 태워 소각하는 방법과 매립 방법으로 처리하지요. 가연성 쓰레기는 소각하면 부피가 크게 줄고 처리가 쉬워요. 쓰레기를 땅에 묻어서 처리하는 매립 방법은 한꺼번에 많은 양의 쓰레기를 처리하기 편리하고요.
하지만 소각은 대기 오염을, 매립은 토양 오염을 피할 수 없어요. 특히 매립 방법은 매립을 할 수 있는 양이 제한되어 있지요. 이러한 단점들을 보완하기 위해 시작된 것이 바로 '폐기물 자원화'예요. 대표적인 방법이 매립 가스 자원화, 바이오가스화, 사료화이지요.

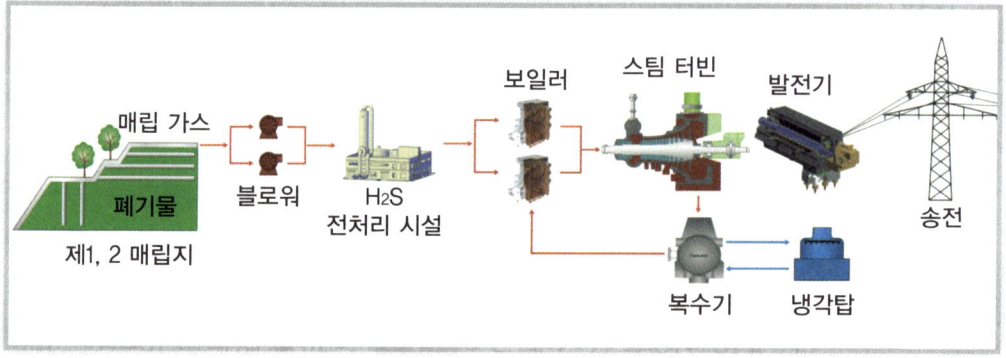

자료: 수도권 매립지 관리 공사

매립 가스 자원화는 말 그대로 매립지에서 발생하는 가스를 자원으로 만드는 방법이에요.

예를 들면 우리나라의 경우, 수도권 매립지의 매립 가스를 모아 악취 제거를 한 후 가스를 관리 센터로 이송하고, 생성된 가스는 소각, 발전 시설, 침출수 처리, 보일러 등의 용도로 매립지 공사 내부에서 사용하고 있답니다.

바이오가스화는 하수 슬러지(하수 처리나 정수 과정에서 생긴 침전물), 분뇨, 음폐수(음식물 쓰레기의 수분) 등 고농도 유기 물질에서 나오는 가스를 자원화하는 것을 말해요. 우리나라에서는 중랑 물재생 센터에서 바이오가스를 도시가스로 활용하고 있지요.

음식물 쓰레기는 가스뿐 아니라 가축의 사료로도 사용할 수 있어요. 먼저 음식물 쓰레기를 수거한 후 시설에서 음식물 쓰레기를 따로따로 구별하고 깨뜨려 부수는 작업을 거쳐요. 탈수기로 탈수 후 750℃, 4기압의 증기를 이용해 음식물 쓰레기를 건조시켜요. 건조된 음식물 쓰레기를 밀 껍질과 비슷한 소맥피(밀을 빻아 체로 쳐서 남은 찌꺼기)와 혼합시켜 수분을 조절하면 바로 건식 사료가 완성된답니다.

이 외에도 다양한 방법으로 쓰레기를 자원으로 만들기 위해 노력하고 있어요. 하지만 사람들이 버린 쓰레기를 처리하기 위해서는 매우 큰 비용이 발생해요. 처리 과정에서 발생하는 악취, 소음, 환경 오염은 피할 수 없지요.

최신 기술로 폐기물을 처리하고 자원화하는 것도 중요해요. 하지만 더 중요한 것은 쓰레기 자체를 줄이기 위해 우리 모두가 노력하는 것이 아닐까요?

우리나라뿐만 아니라 세계적으로 쓰레기를 자원으로 만들고 있는 방법들을 찾아보고 장단점에 대해서 의견을 나눠 보세요.

O, X 퀴즈

지구 환경에 관한 다음의 설명을 읽고 맞으면 ○, 틀리면 X로 표시해 보세요.

1 세수할 때 수도꼭지를 틀어 놓고 해도 괜찮다.

2 플라스틱 때문에 죽는 바다 생물은 분해되지만, 플라스틱은 생태계에 그대로 남아 다른 생물들을 계속해서 죽게 만든다.

3 치킨 뼈는 비료나 가축의 사료로 재활용하지 못하므로 일반 쓰레기이다.

4 3월 22일은 물의 날이 아니다.

5 재활용 분리는 꼭 하지 않아도 된다.

정답: ① X, ② O, ③ O, ④ X, ⑤ X

낮은 층 가는데도 엘리베이터를 타고,

에어컨도 20℃ 이하로 내리고,

당장 쓰지도 않는데 전기 플러그는 다 꽂아 놓고. 그런 게 전기를 낭비하는 거야.

나만 아낀다고 되나요?

허허 이녀석!!

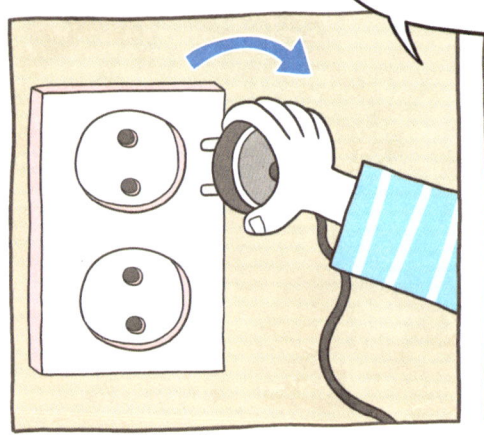

수수 자매의 펭귄 마우스

1분 차이로 태어난 일란성 쌍둥이 수지와 수미는 어디든 같이 다녔어요. 좋아하는 것도 같았고 싫어하는 것도 같았죠. 생김새도 닮아서 누가 누군지 구별하기가 힘들었어요. 그런 수지와 수미를 아이들은 이름 첫 글자를 따서 수수 자매라고 불렀어요.

교문을 나서는 수수 자매 발걸음이 빨라지고 있었어요. 요즘 유행하는 펭귄 마우스를 살 생각에 수수 자매는 수업 시간 내내 엉덩이가 들썩거렸어요.

"사거리 문구점에서 문자 받고 좋아서 기절하는 줄 알았잖아."

"큭큭. 나두 나두."

수수 자매는 사거리 문구점 단골이었어요. 어디 거기뿐인가요? 학교 주변에 있는 문구점은 모두 수수 자매가 자주 가는 곳이었어요. 수수 자매를 모르는 곳이 없을 정도였어요. 수수 자매는 새롭고 예쁘고 귀엽고 특이한 문구라면 꼭 사야 직성이 풀렸어요. 잠을 자다가도 새로운 문구라면 벌떡 일어나는 문구 박사였지요.

마우스가 꼭 필요한 것은 아니었어요. 지난번에 사 둔 생쥐 마우스는 포장도 뜯지 않은 채 그대로 서랍 속에서 뒹굴고 있었으니까요.

펭귄 마우스를 사기 위해 사거리 문구점에는 긴 줄이 늘어섰어요. 수지가 앞에 서고 수미는 뒤에 섰어요. 그런데 하필 수미 앞에서 펭귄 마우스가 마감되었지 뭐예요.

"나 주면 안 돼? 지난번에 가지고 싶다고 한 지구 샤프 줄게."

수미가 애절하게 부탁했어요.

"미안하지만 안 돼. 나도 줄 사람 있단 말이야."

문구 애호가 수지가 기다리고 기다리던 펭귄 마우스를 누군가에게 준다고? 수미는 자기 귀를 의심했어요.

"누구? 누구 줄 건데?"

수미 말에 수지는 얼굴이 빨개졌어요. 수미가 꼬치꼬치 캐물어도 수지는 웃기만 했어요. 수지는 콧노래를 흥얼거리며 포장 코너에서 선물 상자와 포장지, 리본을 골랐어요. 수미는 한숨을 푹 쉬었어요. 사실 수미도 펭귄 마우스가 생기면 꼭 주고 싶은 사람이 있었거든요.

집으로 돌아온 수수 자매는 각자의 서랍을 열었어요. 서랍 칸칸마다 지우개며 샤프, 볼펜, 수첩, 테이프들이 넘쳐 났어요. 수미는 아쉬운 대로 사 온 딸기 모양 지우개를 서랍 속에 넣었어요.

수지는 선물 포장에 엄청 신경을 썼어요. 펭귄 마우스는 손바닥보다 작은데 선물 상자는 세 배 이상 컸어요. 상자가 크다 보니 상자 안을 채우기 위해 다른 색색의 포장지를 넣어야만 했어요. 그 위에 리본을 겹겹이 묶고 리본 옆에 꽃 장식을 달았어요. 누가 봐도 화려한 포장이었지요. 수지는 맘에 쏙 들었어요.

화려한 선물의 주인공은 바로 무진이었어요. 수지는 캠프에서 강연

하는 무진이를 보고 첫눈에 반했어요.

그런데 첫눈에 반한 사람이 또 있었어요. 바로 수미였어요. 누가 쌍둥이 아니랄까 봐 첫눈에 반한 상대도 같았어요.

밤새 뒤척이던 수지는 다음 날 아침 일찍 학교로 갔어요.

커다란 종이 가방 속엔 무진이에게 줄 선물 상자가 들어 있었지요. 그 뒤를 수미가 궁금해 죽겠다는 표정으로 따라갔어요.

하나둘 아이들이 등교하고 무진이가 교실로 들어왔어요. 수지가 주위를 두리번거렸어요. 무진이가 혼자 있는 것을 보고 쪼르르 달려가 선물 상자를 건넸어요. 화장실을 다녀오던 수미가 그 모습을 보았어요. 경쟁자가 다른 사람이 아닌 수지라는 사실에 머리가 멍해졌어요.

무진이가 종이 가방을 열어 보려는데 갑자기 나타난 강호가 둘 사이에 껴들었어요. 잠시 후 수지가 울먹이더니 교실 밖으로 뛰어갔어요. 수미는 어리둥절해서 수지를 따라갔어요.

"무진이가 뭐, 뭐래?"

긴장된 얼굴로 수미가 물었어요.

"과…… 흑…… 포장이…… 흐흐흑."

"포장이 뭐 어쨌는데? 울지 말고 자세히 말해 봐."

수지의 말에 따르면 이랬어요. 수지는 무진이의 얼굴을 똑바로 쳐다보지 못한 채 선물을 건넸고, 때마침 나타난 강호가 선물 상자를 보더니 대뜸 퉁바리를 주었대요.

"무진이를 몰라도 너무 모르시네. 과대 포장이라면 딱 질색이라고. 이게 다 쓰레기 아냐."

사과처럼 얼굴이 빨개진 수지는 아무런 말을 못 하고 뛰어나왔던 거였어요.

"선물 포장이 예쁘고 화려하면 좋은 거 아니야? 강호 걔도 이상하다."

언제부터 환경을 생각했다고!"

허리에 손을 얹으며 수미가 씩씩거렸어요.

"어제부터다, 어쩔래?"

갑자기 나타난 강호를 보고 수미는 화들짝 놀랐어요.

"무진이 좋아하는 애가 어디 수지뿐인지 알아? 그만큼 선물도 자주 받는다는 얘기지. 그런데 무진이는 다 거절했어. 필요한 물건이 아니라면서. 특히 수지처럼 과대 포장 좋아하는 문구 박사는 절대 노노!"

"후유……."

수지가 땅이 꺼질 듯 한숨을 쉬었어요. 수미도 덩달아 짧은 한숨을 쉬었어요.

"누가 알아? 환경 박사가 되면 무진이 마음이 움직일지. 히힛."

환경 박사? 수수 자매는 서로 얼굴을 쳐다봤어요.

아나바다는 처음이야

매달 마지막 주 토요일에는 공원에서 아껴 쓰고 나눠 쓰고 바꿔 쓰고 다시 쓰는 아나바다 장터가 열렸어요. 수수 자매는 친구들과 구경 갔다가 실망하고 돌아온 적이 있었어요. 다른 사람이 쓰던 물건이라 꺼림직

하기도 했고, 새로 나온 물건이 아니면 관심이 없었기 때문이에요.

나무 그늘 아래에서 수수 자매가 쭈뼛거리고 있었어요. 아나바다에 무언가 팔려고 나온 건 처음이라 뭘 어떻게 해야 할지 몰랐어요.

그때 저 멀리서 강호가 손을 마구 흔들며 뛰어왔어요. 그 뒤로 무진이와 석수가 같이 왔어요.

"와아! 수수 자매가 아나바다를? 좀 멋진…… 데?"

강호가 국어책 읽듯이 수수 자매를 치켜세웠어요. 수수 자매는 무진이가 눈치라도 챌까 봐 걱정이 앞섰어요. 그도 그럴 것이 강호에게 핫도그를 사 주는 조건으로 무진이가 좋아하는 것을 하나씩 알려 주기로 했거든요. 아나바다도 그중 하나였어요.

"무, 무진아, 아나바다는 처음이라 그런데 네가 좀 도와줄래?"

수지가 웃으며 말하자 수미도 고개를 끄덕였어요. 그런데 옆에 있던 석수가 재빠르게 나섰어요.

석수는 며칠 전에 아나바다를 처음 해 보고 장사하는 재미에 푹 빠졌어요. 돗자리를 펴고 그 위에 수수 자매가 가져온 물건들을 꺼냈어요. 그런데 가방에서 물건을 꺼내던 석수가 어이없는 표정을 지었어요.

"아나바다를 하러 온 건지, 수수 자매 문구점을 차리려고 온 건지 알 수가 없네."

가방에서 꺼낸 물건들은 포장도 뜯지 않은 문구에 헤어 제품도 있었어요. 수수 자매가 그동안 사 모은 것들이었지요.

"너무 많아서……."

수지가 무진이 눈치를 봤어요.

"잘했어. 그렇게 하나씩 시작하면 돼."

무진이의 칭찬에 수지는 헤벌쭉 입이 벌어졌어요.

"음료수 사 올게."

머쓱한 수미가 종종걸음으로 자동판매기가 있는 쪽으로 걸어갔어요. 석수와 강호가 수미를 불러 세웠어요.

"수미야!"

대답도 없이 멀어지는 수미를 무진이가 따라갔어요. 수지가 강호 옆구리를 콕 찔렀어요.

"무슨 문제 있어?"

"문제라면 자동판매기가 문제지."

강호는 가방에서 텀블러를 꺼냈어요. 석수도 텀블러를 꺼내 흔들어 보였어요.

"우린 쓰레기 판매기는 이용 안 하기로 했어."

자동판매기가 쓰레기 판매기라는 말이 무슨 말인지 수지는 도통 알 수가 없었어요.

한편, 자동판매기에서 음료수를 골라 단추를 누르려던 수미는 무진이를 보고 입꼬리가 살짝 올라갔어요. 무진이가 수지가 아닌 자기를 좋아해서 따라온 거라고 착각했어요.

"뭐 마실래?"

"물 가져왔어. 그거 마시면 돼."

무진이는 반환 단추를 눌러 지폐를 다시 꺼낸 다음 수미 손에 쥐어 줬어요. 무진이 손과 닿는 순간 수미는 가슴이 쿵쿵 뛰었어요.

"수미야, 너 그거 알아?"

"어?"

수미는 무진이가 고백하는 거라고 생각했어요. 고백 장소가 자동판매기 앞이라는 게 뻘쭘했지만 수미는 부끄러움에 몸이 배배 꼬였어요. 나중에 수지한테 뭐라고 변명해야 할지 걱정도 들었고요.

"나도 사실은……."

수미는 고개를 들고 무진이를 바라봤어요. 무진이 얼굴에서 빛이 나는 것 같았어요.

"너도 알고 있었구나. 네가 이용하려는 자동판매기가 24시간 내내

에너지를 낭비하는 쓰레기 판매기라는 사실 말이야."

이게 무슨 소린가 싶어 수미는 잠깐 휘청거렸어요. 고백하려고 쫓아온 게 아니라 자동판매기를 사용하지 말라고 쫓아온 거라니!

"으응. 그럼, 나도 알고 있었지."

수미는 쥐구멍이라도 있으면 숨고 싶었어요.

"자동판매기는 언제 올지도 모르는 손님을 기다리면서 에너지를 낭비하고, 자동판매기에서 나오는 캔, 종이, 포장지 등은 거의 재활용되지 않고 쓰레기로 그냥 버려지거든."

수미는 더 이상 무진이를 바라볼 수가 없었어요. 빨리 그 자리를 벗어나고 싶었어요.

그사이 수지와 강호, 석수는 좌판을 벌여 장사를 하고 있었어요. 새로운 물건들이 많아서인지 다른 좌판보다 손님들이 북적거렸어요.

"자자, 수수 자매의 문구들을 소개합니다. 따끈따끈한 신상 제품들이에요."

강호의 말에 아이들이 꺄르르 웃었어요. 수지와 석수는 돈을 계산해 주느라 바빴어요.

수수 자매의 아나바다는 성공적이었어요. 그날 가져온 문구들과 헤어 제품들을 남김없이 다 팔았어요. 수지는 벌어들인 돈을 세며 연신 벙긋 웃었어요. 수미도 덩달아 벙싯 웃었어요.

"수수 자매가 부자네, 부자."

"거의 공짜에 판 거야."

수지가 조금은 아쉬운 듯 입을 삐죽거렸어요.

"서랍에서 잠자고 있는 것보다 필요한 사람들이 쓰는 게 맞는 거지."

석수가 샤프 하나를 들어 보였어요.

"다음 아나바다엔 안 읽는 책들을 가지고 나올 거야. 오다가 봤더니 내가 읽고 싶은 책들이 많았어. 서로 교환하자고 얘기도 나눴는걸."

돌아오던 길에 다른 좌판을 구경하는 재미에 푹 빠진 수미가 다음 계획을 말했어요. 수미에 말에 무진이가 고개를 끄덕였어요.

수수 자매는 아나바다를 통해 번 돈으로 친구들에게 아이스크림을 사 주었어요. 강호에게는 특별히 핫도그를 사 주었어요.

"무진이는 우리 둘 다 안 좋아하나 봐."

수미 목소리에 기운이 하나도 없었어요. 수지는 눈을 동그랗게 떴어요. 혹시 자동판매기 앞에서 무진이와 무슨 일이 있었나 싶어 궁금하면서도 걱정이 되었어요.

"다 틀렸어. 환경 박사가 되는 길은 멀고도 험한 것 같아."

"우리…… 다시 문구 박사로 돌아갈까?"

수지 마음이 갈대처럼 흔들렸어요. 수미도 수지 말을 듣는 순간 '그럴까?'라는 말이 툭 튀어나올 뻔했어요.

4장 환경 박사는 힘들어

 둘은 터벅터벅 무거운 발걸음을 옮겼어요. 그때 발밑에 캔 하나가 떨어져 있었어요. 둘은 누가 먼저랄 것도 없이 손이 먼저 나갔어요.
 "누가 재활용도 안 하고 버린 거야!"
 쌍둥이 아니랄까 봐 동시에 꽥 소리를 질렀어요. 그러다 둘은 서로 얼굴을 보고 키득거렸어요. 당분간 문구 박사로 돌아가기는 힘들 것 같았어요.

 무진이가 알려 주는 **지구 환경의 비밀**

쓰레기를 넣으면 돈이 나온다고?

쓰레기를 자동 수거하는 자판기가 있다는 얘기 들어 본 적 있나요? 현재 우리나라는 서울시를 중심으로 일부 지역에서 시범 사업을 펼치고 있어요. 인공 지능과 사물 인터넷 기술을 적용한 스마트한 쓰레기통이지요. 캔과 페트병을 자동 분류해 압착하고, 수거 개수만큼 휴대 전화 애플리케이션에 포인트가 쌓이는 형태예요. 일종의 자원 순환 로봇인 셈이지요.

이용 방법도 간단해요. 깨끗한 캔이나 페트병을 투입구에 넣으면 품목별로 분류해 수거되고 그에 대한 보상으로 포인트가 적립돼요. 캔은 개당 15원, 페트병은 10원으로 2000원 이상 적립되면 온라인상에서 적립금을 계좌 이체하여 현금처럼 이용할 수 있답니다.

이 쓰레기 자판기 1대가 수거하는 양은 월 평균 600kg이나 돼요. 연간으로 따지면 8t 이상인데, 꾸준히 확대되어 시민들의 이용이 활발해진다면, 지구촌 환경을 살리는 데 큰 도움이 되겠죠?

지구 온난화의 대륙별 영향

2007년도에 기후 변화에 관한 정부 간 협의체(IPCC)는 '최악의 환경 재앙 시나리오'를 담은 보고서를 공개했습니다. 2년 후 덴마크 코펜하겐에서 열린 '기후변화 국제회의'에 모인 2000여 명의 세계 환경 전문가들은 보고서가 예측한 대로 재앙이 진행되고 있으며 그보다 더 나쁠 수도 있다."고 의견을 모았습니다.

사실 현재의 단계에 오기까지는 선진국들(주요 이산화탄소 배출국)의 영향이 컸습니다. 기후 변화로 인한 피해는 후진국가들 특히 아시아가 가장 피해를 많이 입었지요.

다행히 IPCC는 2030년과 2052년 사이 지구 평균 온도 상승 폭을 1.5℃ 이내로 억누를 수만 있다면 수백만 명의 사람을 구할 수 있다는 보고서를 2018년에 새로이 발표했습니다.

아래 내용들은 지구 온난화로 인한 재앙의 일부일 뿐입니다. 정치와 경제 각 영역에서 지구 온난화 문제는 더 이상 지체하거나 미루고만 있을 수 없는 중요한 의제랍니다.

지구 온난화로 예고되는 환경 재앙
2020년대: 1℃ 상승, 2050년대: 2~3℃ 상승, 2080년대: 3℃ 이상 상승

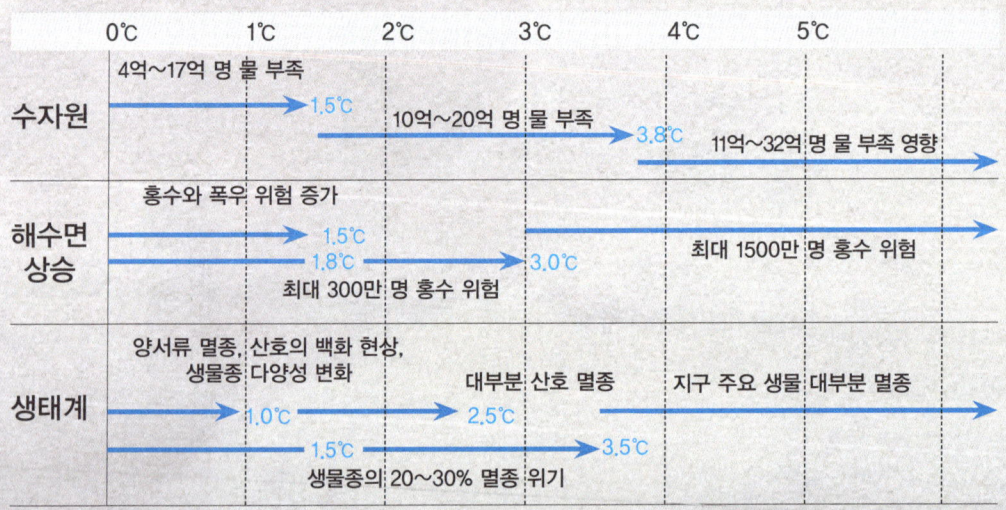

자료: 기후 변화에 관한 정부 간 협의체(IPCC)

지표면에서 반사된 태양 에너지
대기에서 반사된 태양 에너지
지표면으로 흡수된 태양에너지

온실효과
대기에 반사된 복사열로 지구 온도 상승

아시아·호주
최대 700만 명 홍수 위험
- 방글라데시, 사람이 거주할 수 없는 지역화
- 호주 대보초 등 산호초의 80%가 백화 현상

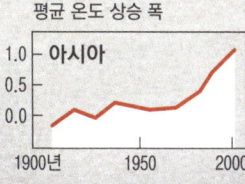
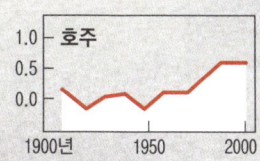

평균 온도 상승 폭 — 아시아 / 호주

미주
최대 1억 8000만 명 물 부족
- 오존 오염 증가로 사망자 5% 증가 (4~5℃ 상승 시)
- 20℃ 넘으면 10℃ 높아질 때 소 우유 생산 하루 10kg씩 줄어

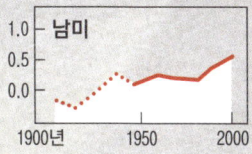

평균 온도 상승 폭 — 유럽 / 남미

유럽·아프리카 발병
뎅기열 뇌염 발병 크게 증가
- 2010년까지 최고 기온 32℃를 넘는 날 30% 늘어나 농업에 치명타
- 중북부 홍수 차드호 수면 93% 40년 동안 사라져

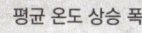
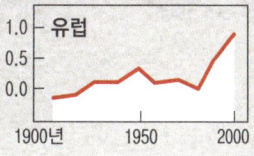
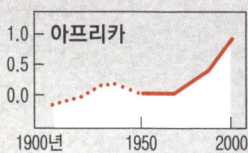

평균 온도 상승 폭 — 유럽 / 아프리카

남극
남극 유빙 600억t 사라져
- 여름에 기온 10℃까지 치솟아 생태계 변화
- 라젠B 빙붕 1996년 이후 2200㎢ 녹아

북극
북극곰의 멸종 위험 높아짐
- 1978년 이후 북극해 얼음 6% 줄고 만년빙 두께 14% 얇아져
- 그린란드 빙상이 녹기 시작, 해수면이 7m 상승할 가능성

토론왕 되기!

환경 파괴의 주범이 되는 음식이 있다고?

고소한 맛을 자랑하는 아보카도와 블랙타이거새우를 먹어 본 적이 있을 거예요. 하지만 이것들이 환경을 파괴하고 있다는 사실, 알고 있나요?

블랙타이거새우 하면 맹그로브 숲이 떠올라요. 맹그로브 숲은 아열대 지역의 하구 습지에 사는 삼림들로 이루어진 숲으로, 홍수림이나 해표림이라고도 해요. 맹그로브는 열대 우림보다도 5배나 더 많은 탄소를 저장할 수 있어 탄소 저감 효과가 탁월하다고 해요. 또한 맹그로브가 자라는 곳은 하천이나 바다에서 흘러온 유기물이 분해되는 곳으로 풍부한 영양분이 있어 다양한 생물종이 살 수 있다고 해요. 맹그로브 숲이 지구의 온난화 속도를 늦추기 때문에 '지구의 공기 청정기'라고 불리기도 하지요.

하지만 사람들은 자연 상태로 있는 맹그로브보다 벌목하여 원하는 재료로 쓰고 싶어 해요. 그래서 동남아 등지에서는 목탄의 원료로 쓰기 위해 벌채를 하며, 블랙타이거새우를 양식하지요. 동남아 지역에서는 저렴한 비용으로 수출용 새우를 양식할 수 있어 맹그로브 숲을 벌목한 자리에 양식장을 만든다고 해요.

1만㎡의 맹그로브 숲이 파괴된 자리에서 생산되는 새우

는 불과 0.5t이에요. 새우 양식장은 시간이 지날수록 독성 물질이 생기고, 전염성 세균으로 오염돼 대부분 3~4년이면 폐기돼요. 그럼 양식업자들은 또 다른 맹그로브 숲을 파괴하고 새우를 키우지요.

맹그로브의 훼손은 간척지를 불모지로 만들어 그곳에 살던 생명들을 죽게 만들며, 그건 곧 생태계 전체의 교란을 야기하는 거예요.

멕시코에서는 아보카도를 재배하기 위해 멀쩡한 삼림을 베어 내고 있어요. 멕시코 내 아보카도 주요 생산지인 미초아칸주에서는 농장 개간을 위한 삼림 벌채가 해마다 2.5%씩 증가하고 있다고 해요. 아보카도의 가장 큰 문제는 물 소비량이에요. 아보카도 열매 하나에는 자그마치 320ℓ의 물이 소요돼요. 아보카도를 수확하는 데 엄청난 양의 물이 필요하다 보니, 정작 주민들은 물 부족에 시달리는 현실이지요.

또한 아보카도는 수확한 뒤 일정 기간 숙성시키면서 적당한 온도를 유지해야 해요. 포장에도 신경을 써야 하는데 이 과정에서 이산화탄소가 나와요. 아보카도가 우리의 식탁에 올라오려면 약 1만㎞를 이동해야 하는데 그로 인해 발생하는 탄소 발자국이 꽤 높은 편이지요.

우리가 무심코 먹었던 수입 음식들을 생각해 보고 환경에 어떤 영향을 주는지 생각해 볼까요?

O, X 퀴즈 다음 설명을 읽고 맞는 내용에는 O, 틀린 내용에는 X로 표시하세요.

1. 아보카도의 과도한 생산은 환경 파괴의 원인이 될 수 있다.

2. 지구 온도가 지금보다 3°C 이상 상승하면 주요 생물종 대부분이 멸종한다.

3. 캔이나 페트병을 수거하면 일정 금액을 돌려주는 자판기는 아직 발명되지 않았다.

4. 2030년과 2052년 사이 지구 평균 온도 상승 폭을 5°C 이내로 억누를 수만 있다면 수백만 명의 사람을 구할 수 있다고 한다.

5. 블랙타이거새우를 양식하기 위해 맹그로브 숲을 파괴하는 일은 지구의 공기 청정기를 없애는 것과 같다.

정답: ①O ②O ③X ④X ⑤O

 캠핑 아저씨

  무진이가 숲으로 돌아가고 아이들은 각자 학교와 학원, 집을 오가며 바쁜 생활을 보냈어요. 그래도 네 아이는 무진이의 가르침을 잊지 않고 일상 속 작은 실천을 꾸준히 이어 나갔어요.

  그러던 어느 날 무진이를 다시 만날 수 있는 기회가 생겼어요. 무진이가 살고 있는 숲 가까이 캠핑장이 생겼는데, 바로 강호네 삼촌이 하는 캠핑장이었어요.

  강호 삼촌의 초대로 캠핑장을 가게 된 네 명의 아이들은 무진이를 다시 만날 생각에 설레었어요.

  계곡과 나무들이 어우러진 별빛 캠핑장은 캠핑 온 사람들로 활기가 넘쳤어요. 인디언 텐트도 보이고 둥그런 돔 모양의 텐트와 아기자기한 텐트도 있어서 구경하는 재미가 있었어요.

"와, 공기가 달다!"

강호가 숨을 깊게 들이마셨어요.

"다, 마시지 마라. 우리 것은 남겨 둬."

"그래, 강호는 좀 적게 마셔."

석수 말에 맞장구를 치며 수지가 깔깔거렸어요.

"야, 여기 나무 중에 내가 심은 것도 있어. 그러니까 더 마셔도 돼."

큰소리를 치며 강호가 숨을 더 깊게 들이마셨어요.

"네가 나무를 심었다고?"

주위를 둘러보며 수미가 못 믿겠다는 반응을 보였어요. 강호는 자기가 심은 나무를 보여 주겠다며 나섰어요.

"우리 삼촌은 후손들에게 맑은 공기를 전해 줄 의무가 있다면서 틈만 나면 나무를 심어. 그 나무들이 숲이 돼서 홍수도 막아 주고, 동물이랑 식물도 살게 해 주고, 지구 온난화도 막아 준대. 그래서 나도 삼촌 따라 심었지."

"책에서 읽은 적 있어. '종이 한 장을 버릴 때마다 나무 한 그루를 버린다고 생각하라.'는 구절이 있었어. 종이 한 장도 아껴 쓰고, 화장지는 꼭 필요한 만큼만 쓰고, 재활용되는 신문지나 포장지는 꼭 재활용하라

고 하더라."

석수 입에서 책에서 읽었던 내용들이 술술 나왔어요.

"다 잊은 줄 알았는데 아직 환경을 생각하는 착한 동생들이네."

수지가 강호와 석수 머리를 번갈아 쓰다듬었어요. 동생이라는 말에 강호가 발끈했어요.

"어쭈, 누구 보고 동생이래!"

앞서거니 뒤서거니 뛰어가던 수지와 강호가 커다란 텐트 앞에 멈춰 섰어요. 커다란 텐트에는 집을 옮겨 놓은 것처럼 작은 냉장고부터 선풍기까지 없는 것이 없었어요.

"와아! 여긴 우리 집보다 짐이 더 많은 것 같아."

석수가 텐트를 기웃거렸어요. 아이들도 덩달아 기웃거렸어요. 그때 키가 큰 아저씨가 텐트에서 나왔어요.

"어디서 많이 봤는데, 기억이 안 나네."

수지가 고개를 갸웃거렸어요.

"별튜브 하는 아저씨 아냐? 아빠가 잘 보는 캠핑 별튜브 말이야."

수미가 아는 사람을 만난 것처럼 반가워했어요.

"맞다! 그 아저씨네."

수지와 수미가 호들갑을 떨자 아저씨가 싱긋 웃었어요.

"날 알아봐 주니 영광인데."

아저씨는 박 캠핑이라고 불러 달라며 텐트 안을 구경시켜 주겠다고 했어요.

"먹방도 찍어요?"

테이블 위에 놓인 통삼겹 구이를 보며 강호가 군침을 흘렸어요.

"캠핑에서 빠질 수 없는 것이 바로 먹는 거 아니겠니? 이왕 온 김에 같이 먹자꾸나."

박 캠핑 아저씨가 나무젓가락과 일회용 숟가락을 가져왔어요. 알록달록한 종이컵에는 물을 따라 주었지요.

허겁지겁 먹으려던 강호에게 수미가 눈치를 주었어요. 주위를 둘러보던 강호는 세모눈을 뜬 석수와 눈이 마주쳤어요. 그제야 강호는 나무젓가락을 내려놨어요.

"왜들 안 먹고 있어?"

차가운 커피에 플라스틱 빨대를 꽂아 마시던 박 캠핑 아저씨가 의아해했어요. 석수가 나무젓가락을 들어 보였어요.

"황사 아시죠?"

"황사? 갑자기 황사는 왜?"

황사라는 말에 박 캠핑 아저씨가 마시던 커피를 내려놨어요.

"나무젓가락은 주로 중국에서 만들어지는데, 나무젓가락을 만들려면 나무를 베어 낼 수밖에 없어요. 그래서 숲이 사라지고 땅이 사막으로 변해서 황사가 심해지는 거예요."

"종이컵도 마찬가지예요. 저희처럼 텀블러를 들고 다녀야죠."

수지가 가방에서 텀블러를 꺼내 보였어요.

"플라스틱 빨대 대신 친환경 빨대를 사용해야 해요."

수미가 플라스틱 빨대를 가리켰어요.

"이런, 내가 어린이 환경 지킴이들한테 제대로 걸렸구나."

화를 낼 줄 알았던 박 캠핑 아저씨는 목젖이 보이도록 큰 소리로 웃었어요.

환경 지킴이라는 소리를 들은 넷은 우쭐한 기분이 들었어요. 뭔가 지구를 위해 큰일을 한 것 같아 뿌듯했어요.

 무진이가 알려 주는 지구 환경의 비밀

고릴라의 집을 빼앗은 휴대 전화

휴대 전화에 들어가는 많은 부속품 중에는 '탄탈럼'이라는 금속이 있어요. 탄탈럼이 주로 생산되는 곳이 콩고인데, 콩고에는 고릴라 서식지가 있어요.
세계의 많은 사람들이 휴대 전화를 사용하기 시작하면서 '탄탈럼'이 귀해졌어요. 광부들은 '탄탈럼'을 캐기 위해 숲을 파괴했어요. 새 휴대 전화가 나올 때마다 바꾸게 되면 콩고에 사는 고릴라는 살 곳을 잃게 돼요.

생명들이 함께 사는 곳

아이들이 박 캠핑 아저씨 텐트를 지나 오솔길을 내려오던 중이었어요. 한 손에는 비닐봉지를, 다른 한 손에는 냄비를 아슬아슬하게 들고 가는 아줌마와 마주쳤어요. 수미가 얼른 뛰어가 냄비를 잡았어요.

"제가 들어 드릴게요."

"고맙기도 해라. 저기 개수대까지만 들어 다오."

개수대에 도착하자 아줌마는 비닐봉지에 들어 있는 과일과 냄비에 들어있던 찌개를 버리려고 했어요.

"아, 안 돼요!"

강호가 아줌마를 말렸어요. 아줌마가 강호를 돌아봤어요.

"뭐가 안 된다는 거니?"

"캠핑장에선 먹을 만큼만 싸 와서 남김없이 먹고 가야 하는데……."

강호 목소리가 점점 작아졌어요.

"갑작스럽게 떠나야 해서 어쩔 수 없단다. 아는 사람이라도 있으면 주고 갈 텐데."

"저희 주세요!"

"너희를 주라고?"

"네. 저희는 내일 갈 거예요."

아줌마는 잘되었다며 가지고 있던 음식들을 다 주었어요. 수미가 고개를 잘래잘래 흔들었어요.

"저걸 다 먹을 수 있긴 한 거야?"

강호는 걱정 말라며 배를 탕탕 두드렸어요.

"음식물 쓰레기를 만들어서 메테인 가스가 생기는 것보다 낫잖아."

"그래. 굶주리는 친구들을 생각하면 차마 못 버리겠다."

수미도 강호 말에 수긍했어요.

쨍쨍하던 햇살이 사라지고 별빛 캠핑장에 어둠이 깔리기 시작했어요. 여기저기서 타닥타닥 장작 타는 소리가 들렸어요. 삼촌이 장작을 가지러 간 사이 아이들은 별을 찾고 있었어요.

"여기! 환해서 잘 안 보인다. 저기 나무 있는 곳으로 가 보자."

아이들이 간 곳은 소나무들이 울창한 곳이었어요.

"오오! 저기 북두칠성이다."

석수가 손가락으로 북두칠성을 가리키자 아이들은 석수 손가락을 따

라 북두칠성을 그렸어요. 도시에선 잘 보이지 않던 별들이 숲속에서는 아주 선명하게 보였어요. 그때 밤공기를 가르는 왁자지껄한 소리가 들렸어요.

"잡았다!"

"어디 어디?"

플래시 불빛이 나무에 앉아 있는 사슴벌레를 비추고 있었어요. 사슴벌레를 잡은 남자아이가 좋아서 팔짝팔짝 뛰었어요. 곤충 채집통에는 여러 마리의 곤충들이 들어 있었어요.

수지가 성큼성큼 걸어갔어요.

"쉿!"

어리둥절한 아이들이 눈을 크게 떴어요.

"그렇게 큰소리로 떠들고 플래시 불빛을 비추면 동물들이 스트레스를 받아. 스트레스 받은 동물들은 새끼를 낳지 못한대."

"정말?"

아이들이 눈을 반짝였어요.

"그러니까 떠들지 말아야 해."

강호와 석수, 수미가 일제히 수지를 향해 엄지손가락을 들어 보였어요. 수지는 별거 아니라며 손사래를 쳤어요.

아이들이 곤충 채집통을 들고 뒤돌아섰어요. 수지가 남자아이를 불렀어요.

"잡은 곤충들은 살려 줘야지."

"싫어. 집에 가서 키울 거야."

남자아이가 곤충 채집통을 뒤로 숨겼어요. 수지는 예전 기억이 떠올랐어요. 냇가에서 잡은 물고기를 키우겠다며 우겨서 데려갔는데, 하루가 지나지 않아 죽어 버렸지 뭐예요. 그날 물고기가 불쌍해서 펑펑 울고 또 울었어요.

남자아이는 사슴벌레를 뺏길까 봐 서둘러 다른 아이 손을 잡고 뛰어갔어요.

별빛 캠핑장에는 동식물들이 자유롭게 살아가고 있었어요. 하지만 캠핑 온 사람들은 조용히 자연 속에서 머물다 가는 것이 아니라 나무를 꺾어 불을 지피고, 곤충을 마구 잡아서 집으로 가지고 갔어요.

'이곳은 모든 생명들이 함께 사는 곳이에요. 숲을 지켜 주세요.'

캠핑장 입구에 쓰여 있던 말이 수지 머릿속에 자꾸 맴돌았어요.

무진이가 알려 주는 지구 환경의 비밀

곤충 채집이 방학 숙제였다고?

예전에는 여름 방학 숙제로 곤충 채집이 있었어요. 아이들은 산과 들로 식물과 곤충을 채집하면서 자기만의 채집 앨범을 만들곤 했지요.
그런데 1990년대 중반 환경 문제가 이슈화되면서 식물 채집과 곤충 채집을 나라에서 금지했어요. 무분별한 채집으로 생물종이 감소할 위험이 있

나고 판단했기 때문이에요. 그리고 무엇보다 생명을 소중하게 생각해야 한다는 점에서 무분별한 채집은 하지 않는 게 좋아요.

쓰레기는 쓰레기통에

별빛 캠핑장에 아침 햇살이 쏟아졌어요. 아이들은 이른 아침부터 삼촌을 도와 재활용품 분리하는 하는 일을 했어요. 캔은 캔대로 플라스틱은 플라스틱대로 종이는 종이대로 분류했어요. 사람들은 페트병에 붙어 있는 라벨을 벗기지 않고 버리는 경우가 많았어요. 그러다 보니 일일이 라벨을 벗기느라 시간이 더 오래 걸렸어요.

"이것 봐. 음식물이 묻은 채로 그대로 버렸어."

수미가 붉은 기름기가 가득 묻은 플라스틱을 들어 보였어요. 수지도 질세라 비닐봉지를 한아름 들어 보였어요.

"비닐봉지는 어떻고! 비닐봉지 천국이야. 비닐봉지가 썩으려면 수백 년, 아니 수천 년이 걸린다는데 안 쓰면 얼마나 좋을까."

아이들은 입으로는 투덜거렸지만 손은 멈추지 않았어요.

강호는 아직 친구들에게 말하지 않은 것이 있었어요. 사실은 재활용품을 분리해 주는 조건으로 삼촌에게 용돈을 두둑이 받기로 했다는 사실이요. 나중에 친구들을 깜짝 놀라게 해 줄 생각이었답니다.

그때였어요. 자동차 한 대가 미끄러지듯 다가오더니 재활용장에 멈춰 섰어요. 캠핑을 마치고 집으로 돌아가는 길인 것 같았어요. 한 아저씨가 큰 비닐봉지를 들고 차에서 내렸어요. 그러고는 일반 쓰레기라고 쓰여 있는 곳에 힘껏 던지지 뭐예요. 비닐봉지 안에 캔과 플라스틱이 섞여 있는지 떨어지면서 요란한 소리를 냈어요. 땀을 뻘뻘 흘리면서 분류하고 있던 석수가 용수철처럼 튀어 올랐어요.

"아저씨!"

아저씨가 돌아봤어요. 짙은 눈썹에 부리부리한 눈이 석수 눈과 딱 마주쳤지요. 찌리릿! 석수는 심장이 벌렁거렸어요.

"아빠, 빨리 와."

자동차 창문이 내려지더니 남자아이들이 얼굴을 쏙 내밀었어요. 어젯밤에 봤던 아이들이었어요.

"그 형아랑 누나들이다. 아빠, 저 누나가 사슴벌레 못 잡게 했어."

"저 누나가?"

"응."

남자아이는 어젯밤에 벌어진 일을 아저씨에게 고자질했어요. 수지는 강호 뒤로 숨었어요. 가만히 지켜보던 수미가 끼고 있던 장갑을 먼지 나게 탁탁 털었어요.

"아저씨! 일반 쓰레기 넣는 곳에 한꺼번에 버리시면 안 돼요. 분리해서 넣어 주세요. 이렇게 버리시면 숲이 다 망가진다고요."

수미가 비닐봉지를 꺼내 아저씨한테 내밀었어요.

"나, 여기 단골이야. 니들이 뭔데 이래라저래라 하는 거야!"

눈을 부릅뜨고 아저씨가 윽박질렀어요. 기세등등하던 수미가 뒷걸음질쳤어요. 아저씨는 침을 퉤 뱉었어요. 그때 카메라를 들고 박 캠핑 아저씨가 나타났어요.

"아직도 캠핑장에서 재활용을 제대로 분류 안 하는 얌체족이 여기 있었네요."

"어, 어어? 찌, 찍지 마!"

카메라를 보자 아저씨는 급하게 차를 타고 부리나케 도망쳤어요. 아이들은 그제야 안도의 숨을 내쉬었어요.

"너희들, 나랑 같이 별튜브 해 볼 생각 없니?"

"네?"

아이들은 서로 얼굴을 쳐다봤어요.

"캠핑장에 간 환경 사총사. 괜찮지? 지금처럼 자연스럽게 하면 돼."

박 캠핑 아저씨는 카메라를 가까이 들이댔어요. 아이들은 긴장한 나머지 얼음이 되었어요.

캠핑장 입구에 무진이가 나타난 것은 그때였어요.

"얘들아!"

"무진아!"

아이들은 무진이를 보고 반가워서 울컥했어요. 박 캠핑 아저씨의 카메라가 천천히 다섯 아이들을 찍었어요. 사총사가 아니라 환경 오총사가 출연하는 별튜브를 볼 날이 얼마 남지 않을 것 같은 예감이 팍팍 들었답니다.

재활용과 업사이클링

버려지는 자원에 디자인을 더하거나 활용 방법을 바꿔 새로운 가치를 만들어 내는 업사이클링(Upcycling). 물건을 처음 만들 때부터 환경과 자연을 생각하며 쓸모가 없어진 후까지 생각하는 것, 물건을 가치 있게 오래 사용하는 의미를 담아 만드는 것! 환경을 지키는 자원 순환의 새로운 방법이에요.

기존의 재활용 방식
매립지로 갈 것들을 골라 내어 새로운 재료나 저품질 물건을 만들어 내는 방식

업사이클링
훌륭한 방법으로 재사용하되, 심미적 아름다움을 지니는 방식

업사이클링 과정

- 재료: 섬유 / 목재 / 기타 소재
- 업사이클링: 해체·분류 → 제재·재단 → 가공·손질 → 제작
- 재료: 패션 잡화 / 가구 / DIY 키트

국내외 재활용 산업 규모 (단위: 원)

- 미국 200조
- 독일 60조
- 한국 5조

(2017년 기준)

업사이클 인식 (단위: %)

- 업사이클 제품 만족 61.7
- 업사이클 산업 육성 필요 89.6
- 업사이클 제품 인식 부족 61.1

업사이클링 제품 구매 요인 (단위: %)

- 환경 보전 42.6
- 좋은 디자인 29.8
- 브랜드 가치 14.9
- 최신 트렌드 8.5
- 저렴한 가격 2.1
- 기타 2.1

업사이클 제품 유통 경로 (단위: %)

- 온라인 20.0
- 오프라인 20.0
- 온·오프라인 60.0

제품 소재의 유해성 인식 (단위: %)

- 확인 안 함 47.0
- 확인함 53.0

자료: 환경부, 경기연구원

'지속 가능한 발전'이란 무엇일까?

이 말은 세계 환경 개발 위원회에서 1987년에 처음 사용되었어요. 지구촌 사람들이 오늘날의 환경 발전뿐 아니라 미래 세대의 환경과 발전을 위해 책임감 있게 행동해 지구촌의 지속 가능성을 높이는 것을 이르는 말이지요.

세계는 미래의 환경보다는 현재의 개발에 초점을 맞춰 살아온 결과, 발전을 위한 환경 파괴에는 신경 쓰지 않았어요. 하지만 환경 파괴로 인한 지구 온난화, 자연재해의 피해가 심해지면서 개발을 하더라도 자연이 훼손되지 않도록 주의하고, 사람들이 깨끗하고 쾌적한 삶을 살 수 있도록 노력하자는 합의들이 이루어지고 있답니다.

무엇보다 의식의 변화가 필요해요. 환경을 지키는 것은 사람의 몫이라는 것을 알아야 하고, 현재만이 아니라 미래 사회에 대해서도 주인 의식과 책임 의식을 가져야 해요.

개인적인 차원에서 구체적이고 실질적인 행동이 필요해요. 현재를 살아가는 사람들과 미래를 살아갈 사람들, 그리고 지구 환경을 생각하면서 생활 속에서 위험 요소와 환경 문제를 줄이려는 태도가 필요하지요.

국가 차원의 정책에서도 미래와 인류의 삶을 생각해야 해요. 지역 개발 과정에서 환경 영향 평가를 하는 것처럼, 다양한 정부 정책에서 지속 가능한 미래를 고려한 발전 정책을 펴야 해요.

한 사회나 국가의 문제를 그 사회나 국가만의 문제로 보지 않고 전 세계적인 차원에서 접근하려는 노력이 필요해요. 세계가 미래를 생각하고 환경 전체적인 다양한 문제에 대한 대책을 같이 세우고 부작용과 갈등을 최소화하려는 노력이 필요하지요. 지금의 지구는 우리만의 것이 아니에요. 미래 세대의 것이기도 하지요. 개발을 통해 경제 성장을 이루는 동시에 환경 피해를 최소화하고 환경을 보전하여 미래 세대에 물려줘야 해요. 그것이 미래 세대도 도와주는 것이랍니다.

멀게만 느껴지는 미래 지구를 위해 우리가 어떤 일들을 해야 하는지 생각해 보면 어떨까요?

O, X 퀴즈

일상생활에서 지구를 지키는 방법을 알고 있나요?
맞으면 O, 틀리면 X로 표시해 보세요.

1 샴푸는 콩알만큼만 쓴다.

2 냉장고는 자주 여닫아도 에너지랑 상관없다.

3 재활용은 분리를 잘해서 버린다.

4 아나바다는 필요 없다.

5 가까운 거리는 걸어서 다닌다.

6 일회용은 자주 써야 좋다.

7 개인 컵을 가지고 다닌다.

8 문구는 필요한 것만 꼭 산다.

9 포장은 크고 화려할수록 좋지 않다.

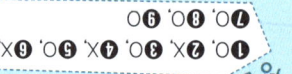

정답: 1.O, 2.X, 3.O, 4.X, 5.O, 6.X, 7.O, 8.O, 9.O

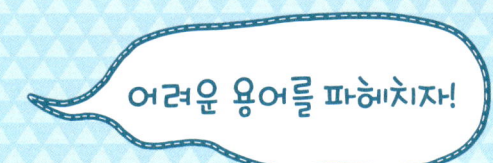

대체 에너지 기존의 에너지를 대신할 새로운 에너지. 흔히 석유를 대신할 에너지인 석탄 액화, 원자력, 태양열 따위를 이른답니다.

맹그로브 아열대나 열대의 해변이나 하구의 습지에서 자라는 관목이나 교목을 통틀어 이르는 말이에요. 조수에 따라 물속에 잠기기도 하고 물 밖으로 나오기도 한답니다.

콜레라 콜레라균에 의하여 일어나는 소화 계통의 전염병. 급성 법정 전염병으로 심한 구토와 설사에 따른 탈수 증상, 근육의 경련 따위를 일으키며 사망률이 매우 높아요.

탄소 배출권 정해진 기간 안에 이산화탄소 배출량을 줄이지 못한 각국 기업이 배출량에 여유가 있거나 숲을 조성한 사업체로부터 돈을 주고 권리를 사는 것을 말해요. 감축에 성공한 나라들은 감량한 양만큼의 탄소 배출권을 사고팔 수 있어요. 석유 화학 기업 등 이산화탄소 배출량이 많은 기업들은 이산화탄소 배출 자체를 줄이거나 배출량이 적은 국가의 조림지 소유 업체로부터 권리를 사야 해요.

페스트 페스트균이 일으키는 급성 전염병. 오한, 고열, 두통에 이어 권태, 현기증이 일어나며 의식이 흐려지게 되어 결국 목숨을 잃게 돼요. 흑사병이라고 불리기도 해요.

허리케인 대서양 서부의 카리브해, 멕시코만과 북태평양 동부에서 발생하는 강한 열대성 저기압. 많은 비를 동반하지요.

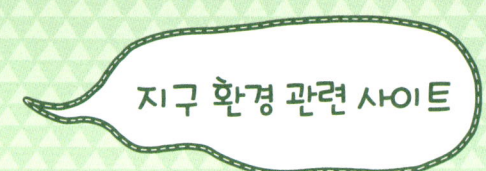
지구 환경 관련 사이트

환경부 me.go.kr
우리나라 환경부 홈페이지예요. 환경에 관한 법령과 정책을 고지하고, 다양한 책자를 발간해서 국민들에게 환경에 대한 정보를 알려 주지요. 시기별로 꼭 지켜야 할 환경 캠페인 등을 확인할 수 있어요.

그린피스 www.greenpeace.org/korea
그린피스는 1971년에 태어난 독립적인 국제 환경 단체로 지구 환경 보호와 평화를 위해 비폭력 직접 행동의 평화적인 방식으로 캠페인을 진행하고 있어요. 기후 변화로 인한 각종 환경 문제를 해결하기 위한 실용적 방법을 제시하고, 또 일반 시민의 후원을 통해 다양한 캠페인을 진행합니다.

화학 물질 정보 처리 시스템 kreachportal.me.go.kr
유해 화학 물질의 종류를 알려 주는 사이트예요. 일상에서 만나는 화학 물질 중 잘 모르겠다 싶으면 이 사이트에서 확인하면 돼요.

초록누리 ecolife.me.go.kr
안전 표시 기준을 위반한 제품을 알려 주고, 생활 속 화학 제품의 안전 정보를 확인할 수 있어요. 영문으로 표기되어서 알아보기 힘든 화학 물질의 경우, 이 사이트에서 확인할 수 있답니다.

한국 기후 환경 네트워크 www.kcen.kr
우리 집 탄소 가계부, 탄소 발자국 기록장, 탄소 발자국 계산기 등이 있어서 우리의 생활 습관을 점검해 볼 수 있어요. 스스로 어떻게 하면 지구 환경을 지킬 수 있는지 다양한 방법들을 알려 주고 있답니다.

신나는 토론을 위한 맞춤 가이드

지구 환경을 지키는 방법을 잘 알았나요? 이제 환경에 관한 한 박사가 다 되었다고요? 그 전에 마지막 단계인 토론을 잊지 마세요. 토론을 잘하려면 올바른 지식과 다양한 정보가 바탕이 되어야 해요. 책을 다 읽고 친구 또는 부모님과 함께 신나게 토론해 봐요!

잠깐! 토론과 토의는 뭐가 다르지?

토론과 토의는 모두 어떤 문제를 해결하기 위해 의견을 나누는 일입니다. 하지만 주제와 형식이 조금씩 달라요. 토의는 여러 사람의 다양한 의견을 한데 모아 협동하는 일이, 토론은 논리적인 근거로 상대방을 설득하는 일이 중요합니다. 토의는 누군가를 설득하거나 이겨야 하는 것이 아니기 때문에 서로 협력해서 생각의 폭을 넓히고 좋은 결정을 내릴 때 필요해요. 반면 토론은 한 문제를 놓고 찬성과 반대로 나뉘어 서로 대립하는 과정을 거치지요. 넓은 의미에서 토론은 토의까지 포함하는 경우가 많습니다. 토론과 토의 모두 논리적으로 생각 체계를 세우고, 사고력과 창의성을 높이는 데 도움을 준답니다.

토론의 올바른 자세

말하는 사람
1. 자신의 말이 잘 전달되도록 또박또박 말해요.
2. 바닥이나 책상을 보지 말고 앞을 보고 말해요.
3. 상대방이 자신의 주장과 달라도 존중해 주어요.
4. 주어진 시간에만 말을 해요.
5. 할 말을 미리 간단히 적어 두면 좋아요.

듣는 사람
1. 상대방에게 집중하면서 어떤 말을 하는지 열심히 들어요.
2. 비스듬히 앉지 말고 단정한 자세를 해요.
3. 상대방이 말하는 중간에 끼어들지 않아요.
4. 다른 사람과 떠들거나 딴짓을 하지 않아요.
5. 상대방의 말을 적으며 자기 생각과 비교해 봐요.

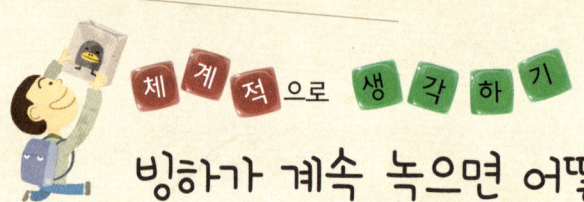

빙하가 계속 녹으면 어떻게 될까요?

지구 온난화로 지구의 만년설이 빠른 속도로 녹고 있어요. 빙하가 녹으면서 발생하는 일들이 어떤 것이 있는지 아래의 글을 읽고 질문에 답해 보세요.

지구 온난화로 인한 기후 변화가 가속되면서 지구 환경은 급변하고 있다. 남북극의 얼음이 녹아 해수면은 크게 상승했고, 이상 기후 발생 빈도도 크게 증가했다. 1980년 200여 회에서 2019년에는 이상 기후가 800여 회나 발생한 것이다. 해수면 상승에 가장 큰 원인이 되는 것은 바로 이상 기후로 인한 빙하의 붕괴다.

2019년 《네이처》 발표에 따르면, 1961년~2016년간 지구에서 사라진 빙하는 9조 t에 달한다고 한다. 이제는 세계 각국의 과학자들이 지구 온난화 진행을 최대한 늦출 수 있는 방법을 찾아야 할 때다. 더 이상 지켜보고만 있을 수는 없는 것이다. 과학자들이 주목하는 것은 남극 대륙 5대 빙하에 속하는 '트웨이츠 빙하(Thwaites Glacier)'이다. 트웨이츠 빙하는 우리나라 면적의 1.5배에 이를 정도로 어마어마한 크기의 빙하이다. 그런데 이 빙하가 최근 아래에서부터 빠르게 녹고 있다는 것이다. 트웨이츠 빙하가 붕괴되면 해수면이 급격하게 상승해 지구 전체가 위험해질 수 있다. 전문가들의 예측에 따르면, 지구 해수면이 0.5m까지 상승할 것이라고 한다. 남극 서부의 중앙에 위치한 트웨이츠 빙하가 사라질 경우, 남극 서부 빙하 전체가 붕괴될 가능성도 배제할 수 없다. 이런 이유 때문에 트웨이츠 빙하가 완전히 붕괴하는 데 시간이 얼마나 걸릴 것인지 연구하는 공동 프로젝트가 현재 진행 중이라고 한다.

남극 서부 빙하 전체가 붕괴되면 지구 해수면은 3m 상승하고, 미국 마이애미와 뉴욕, 방글라데시 남부, 네덜란드까지 물에 잠긴다고 한다.

1. 기후 변화가 지속되면서 사라진 빙하의 양은 얼마나 되고, 또 빙하가 사라지지 말아야하는 이유를 정리해 보세요.

2. 지구 온난화로 해수면이 상승하면 어떤 문제가 생기나요?

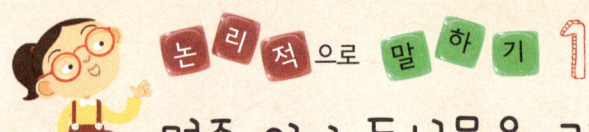

논리적으로 말하기 1
멸종 위기 동식물을 구할 수 있을까요?

동식물의 멸종 위기는 왜 발생하고 있는 걸까요? 아래의 글을 읽어 보고 이야기를 나눠 보아요.

세계 자연 보존 연맹의 보고에 따르면 현재 지구상 2만 5000여 종의 식물과 1000여 종의 동물이 멸종 위기에 놓여 있다고 해요. 지금과 같은 추세로 생물종이 사라진다면 20년 후에는 100만여 종에 달하는 생물이 사라지게 된다고 하지요. 원래 생명체들은 탄생과 멸종이 주기적으로 반복돼요. 하지만 인류가 지구상에 출현한 이후, 생명체 멸종의 속도가 1000~1만 배나 빨라진 것은 큰 문제예요. 지금도 지구에서는 20분마다 하나의 생물 종이 사라지고 있다고 해요.

세계적으로 유명한 인도의 벵골 호랑이는 절반 정도로 개체 수가 줄었고, 중국의 대표 동물 판다는 겨우 2천 마리 정도만이 남아 있어요. 갯벌도 환경 오염과 간척지 개간으로 시시각각 파괴되고 있지요. 맹그로브 습지를 경작지나 양식장으로 만들면서 생태계가 파괴되고 있고요.

이처럼 생태계 변화와 멸종 현상을 초래한 원인은 무엇일까요?

바로 우리 인간이에요. 인구가 폭발적으로 늘면서, 다른 개체들의 서식지를 빼앗은 것이지요. 인간은 보다 많은 식량을 얻기 위해 산과 들을 깎아 농사를 지었어요. 강과 호수를 메워 땅을 더 넓혔지요. 숲에서 나무를 베어 내 종이나 각종 생필품을 만들었어요. 동식물의 천국인 초원은 농지로 바뀌었지요. 그곳에 살던 동식물은 어떻게 되었을까요? 당연히 사라지고 생태계는 파괴되고 말았어요.

인간은 단순히 생물체의 서식지를 빼앗기만 한 게 아니에요. 바로 환경 오염을 일으키는 건 인간밖에 없어요. 농업과 산업 발전을 위해 각종 인공 화학 물질을 대량 살포하면서 생물종은 개체 수에 위협을 받아요. 먹이 사슬을 통해 오염 물질이 축적되기도 하고요. 그리고 결국 먹이 사슬 제일 위에 있는 인간을 위협하는 결과를 가져왔지요.

1. 지구상에서 동식물의 멸종 속도가 빨라지고 있는 실정이에요. 대표적으로 어떤 동식물이 위협을 받고 있는지 말해 보아요.

2. 동식물의 멸종 현상은 결과적으로 인간에게도 큰 위험으로 다가오고 있어요. 멸종 현상의 원인은 무엇인지 말해 보아요.

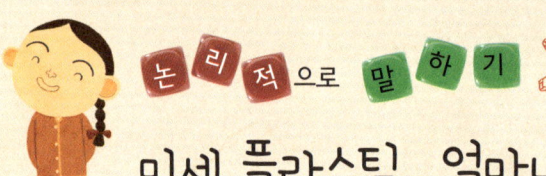

미세 플라스틱, 얼마나 위험할까요?

플라스틱은 우리 일상생활에서 빼놓을 수 없는 것이 되었어요. 하지만 플라스틱으로 인해 우리는 또 다른 위험을 만들어 냈어요. 어떤 위험들이 있는지 아래 글을 읽고 질문에 답해 보세요.

해마다 800만 t의 플라스틱과 150만 t의 미세 플라스틱이 바다로 흘러 들어간다고 해요. 지금처럼 계속 플라스틱을 생산하면, 2050년에는 플라스틱 폐기물이 현재의 두 배에 이를 것이라고 추산하기도 하지요. 어떤 연구에 따르면, 700여 종의 바다생물과 50여 종의 민물 생물이 미세 플라스틱에 오염되었다는 결과를 내놓기도 했어요.

플라스틱 문제가 얼마나 심각한지 많은 사람들이 인식하고 있음에도, 이 문제를 해결하기 위한 방안이 마땅치 않은 게 문제예요. 플라스틱에 대한 규제도 별로 없고요.

미국의 비영리 민간 국제기구인 '퓨 자선 기금'과 영국·스위스·남아공·이탈리아·오스트리아·캐나다 등 국제 공동 연구팀은 플라스틱 사용 규제에 대한 의미 있는 연구 결과를 발표했어요. 이 연구팀은 플라스틱 감축, 대체, 재활용, 폐기 등 4가지 처리 방안과 8가지 체계적 규제들을 결합해 5가지 시나리오를 만들었어요.

8가지 규제
① 플라스틱 양 줄이기
② 대체 물질로 전환
③ 재활용 실행 구상
④ 수집 역량 강화
⑤ 분류와 기계적 재활용 역량 향상
⑥ 화학적 변환 역량 향상
⑦ 수집 후 환경배출 감축
⑧ 플라스틱 교역 감축

5가지 시나리오
① 현재 상태 그대로
② 수집과 폐기
③ 재활용
④ 감축과 대체
⑤ 모든 규제를 통합한 체계 변화

*시나리오 분석 결과
1번 시나리오: 2040년까지 해양 플라스틱은 연간 2.6배, 육지 플라스틱은 2.8배 증가
5번 시나리오: 2040년까지 플라스틱 배출량이 78%까지 줄어듦

연구팀은 플라스틱 산업의 자원 효율·저배출 혁신, 재사용과 재충전 시스템 개선, 대체 물질 개발, 폐기 관리 기술 확충, 효과적인 정부 정책 등이 필요하다고 밝혔어요.

1. 현재 바다로 흘러 들어가는 미세 플라스틱의 양은 얼마나 될까요?

2. 우리가 절대적으로 플라스틱의 사용을 줄여야하는 이유는 무엇일까요?

3. 대륙을 이동하면서 생태계뿐만 아니라 인간에게 축적되는 미세 플라스틱 처리 방안은 무엇일지 생각해 보세요.

창의력 키우기

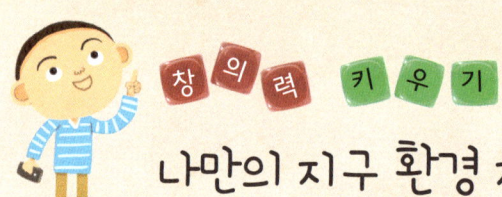

나만의 지구 환경 지키기 방법은?

지구 온난화로 인한 기후의 변화는 우리에게 많은 어려움을 주고 있어요. 평균 기온이 상승하면서 상상할 수 없을 만큼 많은 자연재해가 세계 곳곳에서 발생하고 있지요. 지구의 온도가 더 이상 올라가지 않도록 우리 모두 힘을 모아야 해요. 우리가 일상생활에서 지구를 지킬 수 있는 방법은 다양하게 있는데, 기존에 나와 있는 방법이 아닌 나만의 방법에는 무엇이 있을까요?

예시 답안

빙하가 계속 녹으면 어떻게 될까요?

1. 기후 변화로 사라진 빙하는 9조 t에 달하며 지금도 빠르게 사라지고 있다. 빙하가 녹으면 해수면이 급격하게 상승해 지구 전체가 위험해질 수 있다.
2. 지구 온난화로 빙하가 녹아 해수면이 상승하면서 물에 잠기는 섬들이 생기고 최악의 경우 지구의 도시들이 물에 잠기게 된다.

멸종 위기 동식물을 구할 수 있을까요?

1. 세계적으로 유명한 인도의 벵골 호랑이는 절반 정도로 개체 수가 줄었고, 중국의 대표 동물 판다는 겨우 2천 마리 정도만이 남아 있다. 갯벌도 환경 오염과 간척지 개간으로 시시각각 파괴되고 있다. 맹그로브 습지를 경작지나 양식장으로 만들면서 생태계가 파괴되었다.
2. ①인구의 폭발적인 증가 ②무분별한 벌목, 초원의 농지화 ③화학 물질의 대량 생산과 살포

미세 플라스틱, 얼마나 위험할까요?

1. 해마다 800만 t의 플라스틱과 150만 t의 미세 플라스틱이 바다로 흘러 들어가는 것으로 추산된다. 플라스틱 생산이 현재처럼 지속하면 2050년에는 플라스틱 폐기물이 현재의 두 배에 이를 것이라는 전망도 있다.
2. 이대로 특별한 규제 없이 플라스틱을 계속 생산하고 사용한다면 2040년경에는 해양 플라스틱이 연간 2.6배, 육지 플라스틱은 2.8배 증가하기 때문이다.
3. 일상생활 속에서 플라스틱 양을 줄이고 대체 물질로 전환하며, 재활용할 수 있는 방법을 생각한다. 특히 플라스틱을 철저하게 재활용할 방법을 찾아야 한다.

AI 시대 미래 토론

✅ 뭉치북스가 만든 국내 최초 토
✅ 한국디베이트협회와 교육 전문가들이 강력

  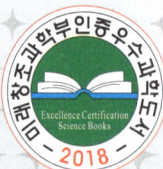   

★★★ 200만 부 판매 돌파!

✅ **초등 국어 교과서 선정 도서!**

✅ **활용 만점 독후 활동지 각 권 제공!**

- 한우리 추천도서
- 경향신문 추천도서
- 경기도 초등토론 교육연구회 추천
- 경기도 지부 독서 골든벨 선정도서
- 환경정의 어린이 환경책 권장도서
- 학교도서관 사서협의회 추천도서
- 한국 아동문학인협회 우수도서

뭉치수학왕

수학이 쉬워지고, 명작보다 재미있는

100만 부 판매 돌파

"인공지능(AI) 시대의 힘은 수학에서 나온다!"

개념 수학

〈수와 연산〉
1. 양치기 소년은 연산을 못한대
2. 견우와 직녀가 분수 때문에 싸웠대
3. 가우스, 동화 나라의 사라진 0을 찾아라
4. 가우스는 소수 대결로 마녀들을 물리쳤어
5. 앨런, 분수와 소수로 악당 히드라를 쫓아내라
6. 약수와 배수로 유령 선장을 이긴 15소년

〈도형〉
7. 헨젤과 그레텔은 도형이 너무 어려워
8. 오일러와 피노키오는 도형 춤 대회 1등을 했어
9. 오일러, 오즈의 입체도형 마법사를 찾아라
10. 유클리드, 플라톤의 진리를 찾아 도형 왕국을 구하라
11. 입체도형으로 수학왕이 된 앨리스

〈측정〉
12. 쉿! 신데렐라는 시계를 못 본대
13. 알쏭달쏭 걸리버는 단위가 헷갈려
14. 아르키는 어림하기로 걸리버 아저씨를 구했어
15. 원주율로 떠나는 오디세우스의 수학 모험

〈규칙성〉
16. 떡장수 할머니와 호랑이는 구구단을 몰라
17. 페르마, 수리수리 규칙을 찾아라
18. 피보나치, 수를 배열해 비밀의 방을 탈출하라
19. 비례배분으로 보물섬을 발견한 해적 실버

〈자료와 가능성〉
20. 아기 염소는 경우의 수로 늑대를 이겼어
21. 파스칼은 통계 정리로 나쁜 왕을 혼내 줬어
22. 로미오와 줄리엣이 첫눈에 반할 확률은?

융합 수학

〈문장제〉
23. 개념 수학-백점 맞는 수학 문장제①
24. 개념 수학-백점 맞는 수학 문장제②
25. 개념 수학-백점 맞는 수학 문장제③

〈융합 수학〉
26. 쌍둥이 건물 속 대칭축을 찾아라(건축)
27. 멸치와 배에서 배수와 약수를 찾아라(교통)
28. 스포츠 속 황금 각도를 찾아라(스포츠)
29. 옷과 음식에도 단위의 비밀이 있다고?(음식과 패션)
30. 꽃잎의 개수에 담긴 수열의 비밀(자연)

창의 사고 수학

31. 퍼즐탐정 셜렁홈즈①-외계인 스콜피오스의 음모
32. 퍼즐탐정 셜렁홈즈②-315일간의 우주여행
33. 퍼즐탐정 셜렁홈즈③-뒤죽박죽 백설 공주 구출 작전
34. 퍼즐탐정 셜렁홈즈④-'지지리 마란드라' 방학 숙제 대작전
35. 퍼즐탐정 셜렁홈즈⑤-수학자 '더하길 모테'와 한판 승부
36. 퍼즐탐정 셜렁홈즈⑥-설국안차 기관사 '어러도 달리능기리'
37. 퍼즐탐정 셜렁홈즈⑦-해설 및 정답

수학 개념 사전

38. 수학 개념 사전①-수와 연산
39. 수학 개념 사전②-도형
40. 수학 개념 사전③-측정·규칙성·자료와 가능성